왜! 문화인가

왜! 문화인가

발행 | 2017년 6월 20일

지은이 | 문무학
펴낸이 | 신중현
펴낸곳 | 도서출판 학이사
　　　　　출판등록 : 제25100-2005-28호
　　　　　주소 : 대구광역시 달서구 문화회관11안길 22-1(장동)
　　　　　전화 : (053) 554~3431, 3432
　　　　　팩스 : (053) 554~3433
　　　　　홈페이지 : http : // www.학이사.kr
　　　　　이메일 : hes3431@naver.com

ISBN _ 979-11-5854-081-4   03300

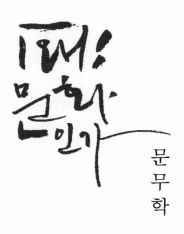

왜 문학 인가

문무학

學而思 | 학이사

왜! 문화인가?

'문화'란 말이 어느새 '예술'이란 말을 대신하게 되었다. 그
것이 결코 바람직한 것이 아니라 해도 말의 살아있음으로 하
여 피하기 매우 어려운 일이 되어 버렸다. 그러나 원래, 문화
는 문화였고 예술은 예술이었으며 문화 속에 예술이 들어 있
었다. 지금도 그 소속을 분명히 밝혀 써야 할 경우가 없지는
않지만 문화라고 하면 그만 그 본뜻을 버리고 예술을 떠올리
게 되는 것이다.

21세기를 문화가 중요한 시대라고 해서 문화의 시대라고 부
르고 있긴 하지만, 어느 국가에서나 문화를 중요하다고 떠드
는 만큼 대접해주지는 않는다. 국가는 '정치'라는, 혹은 '정치
적'으로 경영되기 때문이다. 중요한 것이라면 눈에 훤히 보여
야 하는데 문화는 '정치'하는 사람들의 눈에 훤히 드러나지
않음으로 하여 정치의 우선순위에서 밀려나는 경우가 너무 많

은 것이다.

이 책은 그래서는 안 된다는 말을 하고 싶은 것이다. 더 직접적으로 말한다면 문화 예술을 지원할 수 있는 능력을 가진 모든 주체는 문화 예술을 지원해야 한다는 것이다. 그것이 정부든, 지방자치단체든, 기업이든, 개인이든 적극적으로 지원하라는 것이다. 왜 지원해야 하는가? 그 이유는 한마디 말로 대답하기는 어렵다. 한두 가지 말로 문화가 가진 힘을 제대로 말할 수 없기 때문이다.

문화는 나를 위한 것이기도 하지만 진정으로 우리를 위하는 것이다. 문화는 오늘을 즐겁게 하지만 오늘보다 내일이 더 즐거워지게 만든다. 우리 모두가 함께 즐겁게 살아가기 위하여 존재하는 것이다. 문화를 통해 나를 알고 문화를 통해 또

너를 알고, 그리하여 소통하는 것이다. 서로를 알고 소통하면 이 세상에 오는 것이 무엇이겠는가? 사람이 보이게 되는 것이다. 이 지구의 주인인 사람이 보이게 하는 것이다.

이 책은 그동안 여러 매체에 발표한 문화칼럼을 모아 4부로 나누어 실었다. '문화 예술, 왜 지원해야 하는가?'에서는 미국 예술연합이 정리한 문화 예술을 지원해야 하는 열 가지 이유를, '문화가 삶을 어떻게 바꾸는가?'와 '문화가 제시하는 소통의 길은?'에서는 문화로 즐기는 삶이 무엇인가를 살펴보았다. '책 새로운 세상을 어떻게 여는가?'에서는 책을 통해 새로운 세상을 만나게 되길 권한다.

아무쪼록 이 생각들이 이 땅의 문화 예술계에 조그만 도움이 되었으면 좋겠다. 부족한 글이 빌미가 되어 생각이 더 발전

되어 문화 현장에서 꽃으로 필 수 있다면 무엇을 더 바라랴마는 그러기에는 아무래도 부족할 것 같다. 그러나 그런 꿈마저 버릴 수는 없다. 이 책을 출판하신 도서출판 학이사 신중현 사장님께 감사드린다.

2017년 6월
문무학

차례

문화 예술,
왜 지원해야 하는가?

문화 예술,
왜 지원해야 하는가?

21세기에 들어서면서 인류는 이제, 문화 예술이 살길이란 인식을 깊게 하지 않을 수 없게 되었다. 비옥한 토지가 사막이 되듯이 함께 살아가야 할 인류사회가 모래알처럼 파편화되기 시작했기 때문이다. 인간의, 인간에 의한, 인간을 위한, 삶이, 삶을 행복하게 할 수 있을 것인데, 그간 인류는 기계로부터 행복을 얻는 것으로 착각하고 있었다. 기계의 그 싸늘한 속성이 사람과 사람 사이에 끼어든 것을 뒤늦게 눈치챈 것이다.

인간의 행복은 분명 인간으로부터 비롯된다. 기계가 우리 삶을 그야말로 한없이 편하게 해주지만 행복이라는 마을에 우리를 데려다 준 것은 아니다. 기계가 인간의 감정에 개입할 수는 없기 때문이다. 로봇이 완전히 사람과 같아지는 날이 올지도 모르지만, 그렇게 된다면 인간은 불행해질 수밖에 없을 것이다. 정말이지 그런 날은 오지 말아야 한다. 오지 않아야 인간이 인간답게 살 수 있다.

문제는 '감정感情, Feeling'이다. '감정'은 '느끼어 일어나는 심정, 마음'을 뜻한다. 어떠한 대상이나 상태에 따라 일어나는, 기쁨·노여움·슬픔·두려움·쾌감·불쾌감 따위 마음의 현상을 가리킨다. 기계나 로봇은 이러한 감정들을 느끼지 못한다. 기계가 인간보다 더 많은 일을 빨리 또 오래 할 수는 있어도 인간이 아닌 기계이고 로봇일 뿐인 이유다. 따라서 '감정'은 바로 문화의 영역에 드는 것이고, 감정 관리가 삶의 최우선 순위에 오른다.

문화 예술은 감정 관리를 제대로 할 수 있도록 해주는 데 가장 큰 영향력을 발휘한다. 노여움과 슬픔을 건너고, 두려움과 불쾌감을 이겨 희망을 볼 수 있는 눈을 뜰 수 있도록 문화 예술이 가르쳐 준다. 문화 예술을 통해서 나를 돌아보게 하는 것이다. 돌아보면 보인다. 드러내기엔 부끄럽고, 드러날까 봐 두려운 것들도 보인다. 보이면 바꾸는 것이 사람이다.

출처가 분명하진 않지만 인터넷에 올라있는 '감정관리 10계명'이 꽤 설득력이 있다. 첫째, 감정 관리는 최초의 단계에서 성패가 좌우되기 때문에 '욱'하고 치밀어 오르는 화는 우선 참아야 한다. 둘째, 만약 고객이 속상하게 할 때는 고객은 원래 그런 거라고 생각하라. 셋째, 세상은 의외로 희극적 요소가 많다. 괴로울 때는 심각하게 생각할수록 고뇌의 수렁에 더 빠지게 되니까 문제를 단순화시켜라.

넷째, 어려움에 봉착했을 때는 '까짓 것' 하고 통 크게 생각하라. 사람이 크게 마음 먹으러 들면 바다보다 더 커질 수 있다. 다섯째, 억지로라도 상대방의 입장이 되어 '뭔가 그럴만한 사정이 있겠지' 라고 생각하라. 여섯째, 날 괴롭힌 사람은 멀쩡한데 억울하다. 그래서 '내가 왜 당신 때문에' 라고 생각하라. 일곱째, 여덟째는 시간이 약임을 확신하고, 세상만사는 마음먹기에 달린 것. 새옹지마塞翁之馬라고 생각하라. 아홉째 즐거웠던 순간을 회상하고 마지막으로 눈을 감고 심호흡을 하라고 일러준다.

실천하기가 그리 만만치는 않을 것 같다. 그러나 팍팍한 삶을 살아내기 위해서는 실천할 수 있도록 내공을 길러야 한다. 그 내공을 기르게 할 수 있는 것이 문화 예술이다. 문화 예술은 개인이 하는 작업이지만 그것은 결코 개인에 머무는 것이 아니다. 예술가의 정신이 세상에 바쳐지는 것이다. 국가가 문화 예술을 지원해야 하는 가장 중요한 이유는 문화 예술이 인간 행복의 근원이 되는 것이기 때문이다.

문화 예술,
사회 발전의 근간이다

지구촌의 모든 국가가 문화 예술을 지원해야 하는 이유는 한두 가지로 설명하기 어렵다. 그 이유가 대단히 많을 수 있기 때문이다. 미국예술연합Americans for the Arts은 문화 예술을 지원해야 하는 이유를 열 가지로 정리하고 있다. 필자의 견해로는 열 가지로 정리하는 것도 상당한 무리가 따른다고 본다. 그 이유가 열 가지를 훨씬 넘길 수 있다고 보기 때문이다.

미국예술연합이 제시한 열 가지 이유를 하나씩 살펴보고자 한다. 첫째 이유는 예술이 사회 발전의 근간이 되기 때문이라는 것이다. 이 이유를 분명히 이해하기 위해서는 '사회', 그리고 '발전'이라는 낯익은 용어의 개념을 분명히 해야 하지 않을까 생각된다. 낯익은 용어이기 때문에 개념을 넓히거나 좁힐 수 있는 위험을 안고 있기 때문이다. "아는 길도 물어가라"는 속담이 생긴 이유가 되기도 할 것 같다.

'사회社會', 사전적으로도 그 뜻이 여러 개로 설명되고 있지만 범박한 설명으로 '공동생활을 하는 인간의 집단'이라는 풀이로 이해하는 것이 무리가 없겠다. 그래서 가정에서

부터 국가, 인류로까지 확대할 수 있는 집단이다. 그러니까 사회라는 개념에서 분명히 인식해야 할 것은 하나, 혹은 혼자가 아니라는 사실이다. 인간이 사회적 동물이라는 명제는 인간은 혼자서는 살 수 없다는 사실을 담고 있다.

'발전'은 '세력 따위가 성하게 뻗어 나감', '어떤 상태가 보다 좋은 상태로 되어 감', '어떤 일이 낮은 단계에서 보다 높거나 복잡한 단계로 나아감'을 뜻한다. 한마디로 말하면 좋아지는 것이다. 따라서 사회 발전의 근간이라면 공동생활을 하는 인간 집단이 더 좋아지게 만드는 뿌리와 가지가 된다는 뜻이다. 예술이 인간 삶을 더 즐겁게 만들어 주기 때문이라고 이해하면 되겠다.

인간의 삶이 좋아지는 것, 그것은 즐겁게 사는 시간이 많아지는 것이다. 자기 삶을 두고 기쁜 일이 더 많은가, 슬픈 일이 더 많은가를 생각해 본다면 사람마다 다른 생각을 갖겠지만 아무래도 슬픈 일이 더 많다는 생각을 하는 사람이 많지 않을까. 이루지 못한 꿈이 많을수록 그런 생각은 더 깊어질 것이다. 그러나 한 인간이 이 세상에 와서 모든 것을 다 경험하면서 살 수는 없다. 그것은 불가능하다

그러나 문화는 그 불가능을 가능하게 만들기도 한다. 인간은 책이라는 것을 발명하여 직접 경험하지 못한 것을 간

접적으로 경험하게 했다. 그래서 사람은 가도 그 생각은 지구에 남고 그것이 인류의 지혜가 되어 축적된다. 그렇게 축적된 것이 문화다. 그러한 지혜들은 이야기와 연극이 되며, 영화가 되기도 한다. 그림이 되고 음악이 되기도 한다.

그런 문화와 예술이 우리 사는 세상을 더 즐겁게 해 줄 것이라는 것은 더 이상의 설명이 필요치 않다. 뿐만 아니다. 예술은 그렇게 즐거움만 주는 것이 아니다. 그 즐거움 속에 삶의 지혜를 숨겨두고 있다. 예술 작품을 감상하면서 그걸 찾아내는 사람도 있고 그렇지 못한 사람도 있지만 찾아낼 수 있도록 애써야 한다. 아는 만큼 보이고 알면 재미가 더한다. 따라서 미국예술연합이 예술을 지원해야 하는 첫째 이유로 사회발전의 근간이 되기 때문이라는 것은 누구라도 거부할 수 없는 이유가 된다.

예술교육,
학업성취도를 높인다

미국예술연합은 국가가 문화 예술을 지원해야 하는 열 가지 이유 중의 하나로 예술교육이 학업성취도를 높이기 때문이라고 주장하고 있다. 학업성취도를 높이는 방법은 교육학에서 많은 학자들이 연구하기도 하고, 나라마다 어떻게 하면 국가의 미래인 학생들에게 학업성취도를 높일 수 있을 것인가에 대해 심각하게 고민한다. 그런 고민은 인류가 존재하는 한 계속될 것이고 좀 더 나은 방향으로 진화할 것이 분명하다. 그 많은 연구와 고민을 통해 예술교육을 시키는 것이 학업성취도를 높일 수 있는 방안이 된다는 것을 찾았다. 당연히 예술교육을 시키는 것만이 학업성취도를 높이는 유일한 방안이 된다는 것은 아니다. 여러 방안 중의 하나가 된다는 것이다.

왜 그럴까? 그 이유를 분명하게 밝히는 것은 쉽지 않다. 그러나 전문적인 연구 결과의 해석 보다는 예술 활동을 하는 사람의 감각으로서 그것은 분명히 좋은 방안이 될 수 있다는 확신을 가질 수 있다. 인간에게는 외형적인 몸이 있고, 겉으로 드러나지는 않지만 몸을 지배하는 정신 혹은 마음이 있다. 예술은 정신 혹은 마음의 영역이다. 몸을 단련시키기 위해서는 운동을 해야 하고, 운동을 할 때 운동하는 것보다 더 중요한 것이 쉴 때 쉬는 것이다. 쉬지 않고 운동만 한다면 몸을 단련시키는 것이 아니라 오히려 몸을 망치는 경우가 생기기도 한다.

학업에 열중하는 것도 그렇다. 학업 성취도를 높이기 위해서는 열중할 수 있는 시간을 늘려야 한다. 그러나 행인지 불행인지 모르지만 인간은 한 가지 일에 열중할 수 있는 시간을 오래 갖지 못하는 한계가 있다. 그 한계를 벗어나기 위해서 창조주에게 인간을 새롭게 창조해 달라고 주문할 수도 없다. 그렇다면 학업에 열중하다가 피곤해지면 빠르게 쉬고 다시 열중할 수 있도록 하는 그 무엇이 필요하다. 그 무엇이 음악을 듣는다거나, 그림을 본다거나 문학작품을 읽는 것이라면 어떤가? 많은 사람들이 경험했음직한 방법이고 또한 매우 효과가 높다.

그러려면 예술에 대해서 기쁨을 느낄 수 있는 준비를 해야 한다. 야구의 룰을 알고 보는 것과 모르고 보는 것과는 그 재미가 천지 차이다. 예술에 대해서도 기본적으로 알아야 할 것을 알고 대한다면 그 기쁨은 그야말로 배가 된다. 우리 교육에서도 초등학교부터 예술교육을 하고 있다. 사실 초등학교 교육과정에서 다루는 예술만 다 알아도 매우 높은 문화생활을 할 수 있다. 그렇지만 학교 교육에서 예술교육은 그리 중요하게 다루지 않는 것이 우리 현실이다. 따라서 초등학교 때부터 예술교육을 철저히 시켜야 한다. 그것은 인성교육에도 크게 작용하지만 학업성취도를 높이는 데도 크게 영향을 미치기 때문이다.

  예술교육은 쉬어가는 것을 알게 하는 것이다. 먼 길은 빨리 가는 것이 아니다. 길이 멀수록 천천히 가야 한다. 그러한 지혜를 예술이 가르쳐준다. 궁극적으로 예술은 잘 노는 것이다. 아니 예술은 잘 놀게 하는 것이다. 잘 논다는 것은 하고 싶은 것을 하게 하는 것이고, 하고 싶은 것을 하게 되면 성취도가 높아지는 것은 말할 필요도 없다. 그러기 때문에 모든 나라의 정부가 문화 예술을 지원해야 하는 것이다.

예술,
산업 발전의 원동력이다

          예술이 산업 발전의 원동력이란 명제는 아무런 의심을 가지지 않고 금방 동의하기가 결코 쉽지 않은 일이다. 예술과 산업의 촌수가 그리 가깝다고 말하기가 쉽지 않기 때문이다. 그것도 산업 발전의 원동력이라니 지나친 것이 아닌가 하는 생각도 버릴 수 없다. 그러나 가만히 생각해 보면 예술과 산업의 촌수가 정말로 먼 것인가? 하는 반문을 가지지 않을 수 없다. 그리 멀지 않은 관계에 있는 것이 분명하지 않은가.

지금까지 참 많은 사람들이 예술과 산업의 촌수를 당기기 위해 대단한 노력을 해 왔다. 그 사실은 부정할 수 없는 것이고, 그러한 노력은 상당한 성과를 거양하기도 했다. 산업이 여러 분야에서 예술을 활용해왔기 때문이다. 산업은 특히 광고에서 예술을 적극적으로 활용해왔다. 따라서 이제 아주 먼 촌수에서 무척 가까운 촌수가 되었다는 데 반론을 제기하기 어렵다. 예술과 산업을 한집안으로 볼 정도는 된 것이다.

산업과 예술 혹은 예술과 산업이 매우 유사한 특성을 갖고 있다는 것도 촌수를 당기는 이유 중의 하나가 될 수 있다. 예술은 그 장르가 대단히 다양하다. 새롭게 생기기도 하고, 있던 장르가 사라지기도 한다. 산업도 그 다양성의 측면에서 절대 예술의 다양성에 뒤지지 않는다. 무게를 달아도 어느 쪽으로 추가 기울어질 것 같지 않다. 새로운 산업이 날로 생겨나고 있으며, 사라지는 산업도 날마다 생겨난다.

깊이 따질 필요도 없이 예술과 산업은 매우 근원적인 의미에서 같은 범주에 속한다. 예술은 미를 창조하고 표현하는 인간의 활동 또는 그 산물로 해석된다. 또한 산업은 사람이 생활하기 위하여 하는 일이란 의미를 갖는다. 생활한다는 것은 생명을 보전하는 것이고, 생명을 보전한다고 해서 물리적인 목숨만 유지하는 것이 아니라 미적 활동을 해야 진정한 인간의 삶이라고 보면 예술과 산업은 서로 손을 잡고 있는 관계이기도 하다.

예술의 활동이 일이 되고, 산업의 일이 예술이 되도록 한다면 그것은 인류가 바라는 행복한 삶의 다른 이름이 된다. 이런 관계 형성이 예술이 꿈꾸는 세계며 산업이 꿈꾸는 세계일 수도 있다. 예술은 산업을 지향하고 산업은 예술을 지향하는 것, 그것이 예술을 발전시키고 산업을 발전시키는 일이 되는 것이다. 인류가 일을 예술로 승화시키려는 꿈을 갖는다면 더 나은 세계가 창조될 것은 두말할 나위가 없다.

미국예술연합회가 각국이 문화 예술을 지원해야 하는 이유 세 번째로, 예술을 산업 발전의 원동력으로 드는 것은 이렇게 충분한 이유가 있는 것이다. 산업에 문화를, 예술을 입혀야 한다는 것은 이미 고전이 된 사항이고 산업이 문화를 외면하고 절대 성장할 수 없다고 단언한 지도 오래다. 산업 제품의 포장에 문화를 입히는 정도가 아니라 산업 제품 속에 문화와 예술을 녹여 담는 것이 과제가 된 지도 꽤 많은 시간이 흘렀다.

꿈의 사회로 명명되는 미래 사회에서 각광 받을, 예술과

산업의 중심에 설 것으로 예상되는 것은 스토리텔링, 즉 이
야기다. 산업 제품이 단순한 제품으로만 존재하는 것이 아
니라 인간의 삶, 인간의 이야기가 담겨야 하는 것이다. 그렇
다면 산업이 발전하기 위해서는 반드시 문화와 예술이 뒷
받침되지 않으면 안 되는 것이다. 예술은 산업의 꽃이 되어
야 하고, 산업은 예술의 열매가 되어야 한다. 그래서 예술은
산업의 원동력이 되는 것이다.

예술과
지역 상권

　　　　　미국예술연합의 문화 예술을 지원해야 하
는 열 가지 이유 중 네 번째는 예술이 지역 상권에 도움을
주기 때문이라고 했다. 누구라도 쉽게 수긍 가는 주장이다.
사람의 삶이란 참 묘하게도 사람이 움직이면 돈이 필요하
고, 사람이 모이면 돈이 모이게 되는 것이다. 관광지를 예로
들어보면 경주만 해도 그렇다. 대한민국 국민 뿐 아니라 세
계 곳곳에서 사람들이 찾아와서 경주를 들러보고 경주에서
돈을 쓰고 간다. 그것도 한두 해가 아니다. 처음 오는 사람

도 있지만 왔던 사람도 또 온다. 어린이로부터 노인에 이르기까지 연령 구분도 없다.

경주에 신라 천 년의 찬란한 문화재가 있기 때문이다. 경주 사람이 세계인을 부르는 것이 아니라 유물 유적들이 세계인을 부른다. 사람이 하지 못할 일을 유물 유적들이 하고 있는 것이다. 불국사가 있고, 석굴암이 있기 때문이다. 첨성대가 있고, 포석정이 있기 때문이다. 이런 유물 유적들이 단순히 신라 천 년의 유물 유적이라는 의미를 훨씬 넘어서 있다. 석굴암과 불국사는 불교 유적이지만, 첨성대와 포석정은 과학의 시대, 문화의 시대라고 일컫는 21세기에도 충분히 관심을 끌만한 유물들이 아닌가.

그래서 문화 예술을 지원해야 하는 이유로 든 것은 지극히 당연하다. 그런 경험은 개인도 수시로 하고 있을 것이다. 2012년 겨울, 필자는 독일에 간 적이 있었다. 대구시립합창단과 함께 칼스루에 극장의 초청을 받아 갔었는데 합창단은 연주 준비를 하고 나는 독일하면 떠오르는 로렐라이 Lorelei가 궁금해서 가보고 싶었다. 그런데 멀었다. 교통편을 이용하기도 어려웠다. 하는 수 없이 통역과 자동차를 렌트해서 가기로 했다. 만만치 않은 경비가 소요되었다. 그러나 아깝다는 생각을 하지 않았다.

"옛날부터 전해오는 쓸쓸한 이 말이/ 가슴속에 그립게도 끝없이 떠오른다/ 구름 걷힌 하늘 아래 고요한 라인 강 / 저녁 빛이 찬란하다 로렐라이 언덕."이라는 노래를 흥얼거리며 세 시간을 더 갔을까, 로렐라이 언덕은 라인 강가의 언덕일 뿐이었다. 아름답고 서러운 로렐라이 언덕의 전설을 물고 라인 강물은 그냥 무정無情 흐를 뿐이었다. 무엇을 찾으려고 할 것도 없었고, 꼭 찾아야 할 것도 없었다. 그러나 그 강변의 기념품 가게를 지나쳐오기는 어려웠다. 독일 도자기 맥주잔 하나 샀다. 지역 상권에 도움을 준 것이다.

경주의 여러 유적들은 당시의 예술인들이 유물을 만들기라도 했지만, 로렐라이는 그냥 전설이 있을 뿐이다. 그 옛날, 저녁 무렵에 뱃사공이 이곳을 지날 때마다 언덕 위에서 황금빛 머리카락을 가진 아름다운 아가씨가 고운 목소리로 노래를 불렀다. 그 신비로운 노래를 듣던 뱃사공이 그녀의 미모에 눈을 떼지 못하여 한눈 파는 사이 배는 암초에 걸리거나 거센 물살에 휩쓸려가 목숨을 잃는 일이 많았다는 전설이 있을 뿐이다. 하인리히 하이네H. Heine가 시를 쓰고, 질허P. F. Silcher가 곡을 붙여 세계인이 애창한다.

그렇게 전설이 시가 되고 노래가 되어 세계인들을 감동시키게 한 것이다. 스토리텔링의 필요성을 강조할 때 설명 자료로도 많이 쓰이지만 예술의 힘은 참으로 위대하다. 지역 상권에 도움을 준다는 것은 문화 예술이 가진 힘 중에서 아주 작은 힘에 지나지 않는다고 생각하면서 로렐라이 2절을 읊조린다. "저 편 언덕 바위 위에 어여쁜 아가씨/ 황금빛이 빛나는 옷 보기에도 황홀해/ 고운 머리 빗으면서 부르는 그 노래에/ 마음 끄는 이상한 힘 로렐라이 언덕.

문화 예술과
관광 자원

21세기에 접어들면서 세계의 문화 예술에 관한 관심이 관광으로까지 확대되는 것은 자연스런 일이다. 문화 예술이 국가나 지역의 특성을 반영하여 개성적인 예술작품을 창작해 낼 수 있기 때문이다. 관광을 굴뚝 없는 산업으로 지칭한 지도 한참의 세월이 흘렀다. 문화 예술은 부정할 수 없는 훌륭한 관광자원이다. 그곳이 아니면 볼 수 없는 예술품이 있다면 그곳으로 세계인이 모여들 것은 너무나 분명한 일이 아닌가.

세계 각국이 예술 작품을 통해서 관광객을 불러들이겠다

는 계획을 세운 곳은 한두 곳이 아니다. 산업화 시대의 공장을 미술관으로 만들기도 하고, 공연장으로 바꾸기도 하면서 문화 예술을 발전시키고 더불어 관광을 진흥시키려 하고 있다. 산업 제품을 만들던 곳에서 예술 작품이 창작되도록 여러 조처를 취한다. 그런 곳이 모두 성공하는 것은 아니지만 그렇다고 해서 아주 실패하는 곳도 없다.

성공 사례로 들 수 있는 곳이 일본의 나오시마다. 지금은 예술의 섬이라고 불리며 세계의 관광객이 모여드는 곳이다. 예술가들은 물론 문화 기획자, 문화행정가들이 그곳을 견학하고 싶어 한다. 필자도 두 번이나 나오시마를 다녀왔지만 다시 갈 기회가 생기면 조금도 망설이지 않고 또 나설 것이다. 그만큼 매력 있는 섬이다. 제철소가 있던 자리에 예술이 들어서면서 섬은 시커먼 연기 나는 곳이 아니라, 향기 나는 곳으로 바뀌었다.

예술의 섬 나오시마는 원래부터 예술의 섬이 아니었다. 1992년까지 제철소가 있던 작은 섬이었다. 3천 명이 넘는 인구가 살았으나 제철 산업이 쇠락하자 인구 50명, 평균 연령 75세의 섬으로 전락해버렸다. 그랬던 섬을 일본의 유명한 출판 그룹인 배네세Benesse의 후쿠다케 소이치로 회장이 예술의 섬으로 만들 계획을 세우고, 18년간 프로젝트를 진행하여 예술의 섬으로 새롭게 태어나게 한 곳이다.

나오시마는 이제 섬 전체가 디자인과 예술의 섬이 되었다. 영국 여행 잡지 「Trarveler」는 꼭 가봐야 할 세계 7대 명소로 꼽고 있기도 하다. 세계적인 건축가 안도 다다오가 설계한 지중미술관은 빛을 중심으로 설계되어 더한 관심을 끌고 있다. 한국 출신의 작가 이우환 미술관도 이 섬에 있다. 나오시마에 들어서자마자 만나게 되는 쿠사마 야요이의 「빨간 호박」과 나오시마의 랜드 마크가 된 「노란 호박」 등은 관광자원이 된 예술품이다.

나오시마의 유일한 호텔이자 미술관인 베네세 하우스에는 바다를 바라볼 수 있는 테라스 레스토랑이 있어 식사를 즐기기에도 아주 좋다. 그래서 연중 예약이 넘치고, 예약하기도 만만치 않은 곳이다. 이렇게 몇몇 곳만이 예술작품을 갖추고 있다면 나오시마의 매력은 줄어들지 모른다. 그러나 빈 집과 민가를 개조해서 예술작품으로 탄생시킨 '이에 프로젝트'가 나오시마를 예술의 섬으로 완성시키는 데 크게 기여하고 있다.

그래서 섬 전체가 예술이라는 창작의 옷을 차려 입고 있다. 제철소가 있을 때 이렇게 관광객이 몰려드는 섬이 될 줄을 그 누가 알았겠는가? 예술의 힘이 이렇게나 큰 것임을 또 누가 알았겠는가? 어느 나라가 예술의 이런 힘을 바라보기만 하겠는가? 미국예술연합이 모든 국가가 문화 예술을 지원해야 하는 이유, 다섯 번째로 관광자원이 되기 때문이라는 주장은 이렇게 증거가 충분하다.

문화 예술과
수출 전략

세상이 변하고 있다. 농산물, 수산물, 공산품만 수출되는 것이 아니다. 문화 예술 콘텐츠가 주요 수출 품목이 되고 있다. 문화 예술이 엄청난 재화를 창출하고 있음을 보고 있고, 이미 우리는 문화 예술이 수출 품목이 되고 있음을 경험하고 있다. 동남아를 비롯한 전 지구촌에 거세게 불었던 '한류' 바람을 통해서다. 한국의 드라마, K-POP을 비롯한 문화 예술이 수출되어 세계인들이 대한민국을 동경하게 만들었다.

필자는 대한민국의 문화 예술이 세계로 뻗어가고 있다는 사실을 현지에서 보았다. 2012년 가을 대구광역시 자매도시인 카자흐스탄 알마티시를 공식 방문한 적이 있다. 그 당시 국내의 걸 그룹 '카라'가 우호 공연을 위해 같은 비행기를 타고 갔다. 알마티 공항에 내린 시간이 현지 시간으로 자정을 넘은 시간이었다. 그 시간에 카자흐스탄의 많은 젊은 이들이 한국의 걸 그룹 '카라'를 보기 위해 공항에 나와 있었다.

그렇게 많은 카자흐스탄 젊은이들이 한국의 걸 그룹 '카라'를 좋아하고 있다는 사실은 그야말로 놀라지 않을 수 없는 일이었다. 낮도 아니고 한밤중인데, 공연도 아니고 공항에서 지나가는 것을 보기 위해 많은 젊은이들이 모인다는 것은 나로서는 얼른 이해가 되지 않았다. 그러나 그건 사실이었고 '카라'는 세계 젊은이들에게 인기가 있는 대한민국의 걸 그룹이었다. 사실 나는 한국에서 걸 그룹 '카라'를 제대로 인지하지 못하고 있었다.

2013년엔 터키의 휴양 도시 '안탈리아'에 간 적이 있다. 안탈리아는 해양도시고 휴양도시다. 해변에서 유람선을 타고 바다를 관광했다. 그때 그 유람선에서 경품을 걸고 장기 자랑을 하는데 싸이의 「강남 스타일」 말 춤추기 경연을 했다. 참으로 뿌듯한 기분을 느끼지 않을 수 없었다. 세계 각국에서 우리의 한류 문화를 이렇게 즐기고 있구나 하는 생각을 하니까 어깨가 으쓱해졌다.

싸이의 강남스타일은 세계를 흔든 한국 문화의 콘텐츠가 되었다. 2012년 7월에 첫 공개된 '강남스타일' 유 튜브는 기존 카운터가 32비트 정수로 되어 있어서 2,147,483,647까지 밖에 표시하지 못한다. 그런데 싸이의 강남스타일이 이 숫자를 넘겨버렸다. 할 수 없이 프로그램을 업그레이드 했다고 하니 이 얼마나 놀라운 일인가. 앞으로 어떤 동영상이 이렇게 많은 조회 수를 기록할 수 있을까? 아마도 그리 쉽지 않을 것이다.

정부는 수출을 늘이기 위해 많은 지원을 하고 있다. 수출지원센터를 비롯하여 수출보험, 수출입은행 등 다양한 대책이 강구되어있다. 그러나 문화 예술을 수출하기 위해서 들이는 노력은 필자가 과문한 탓인지 모르지만 눈에 잘 띄지 않는다. 따라서 정부가 우리 문화 예술을 수출하는 데 특별한 관심을 기울여야 한다. 대한민국의 훌륭한 예술인들이 세계만방에 우리 문화를 자랑할 수 있는 기회를 만들어 줄 수 있는 방안을 찾았으면 좋겠다.

문화 예술을 수출하는 것, 그 꿈이 이루어진다면 국내 문화 예술도 크게 발돋움하게 된다. 그러나 정부만의 노력이 아니라, 예술인들은 정부가 지원을 아끼지 않도록 하는 분위기를 만들어가야 하고, 기업과 개인도 지원의 필요성을 인식해야 한다. 미국예술연합은 문화 예술을 지원해야 하는 이유 여섯 번째로 수출전략이기 때문이라고 했다. 문화 예술보다 더 훌륭한 수출 품목이 어디 있겠는가.

문화 예술,
창의적 인재를 양성한다

　　　　　　미국예술연합회가 세계 각국 정부가 문화 예술을 지원해야 하는 이유 10가지 중, 일곱 번째로 드는 것이 문화 예술이 창의적 인재를 양성한다는 것이다. 예술이 근본적으로 아름다움을 창조하고 표현하는 것이라는 명제를 따른다면 창의적 인재 양성은 두말할 나위가 없다. 새로운 것을 만들거나 표현하려고 하면 새로운 생각을 해야 하기 때문이다. 이 사실을 누가 부정하고 여기에 누가 이의를 제기하겠는가?

　그러나 이 분명한 사실 앞에서도 문화 예술에 대한 정부 지원은 어느 나라에서나 대체로 만족스럽지 못하다. 왜 그럴까? 문화 예술에 대한 투자 효과는 비가시적이다. 그리고 단시간에 이루어지기 어렵다. 이 두 가지 사실이 지원을 약화시키는 원인이 아닐까 생각된다. 민주주의 국가에서 이른바 권력자는 투표로써 결정된다. 따라서 정치 지도자가 되고 싶은 사람은 선거에서 표를 의식하지 않을 수 없다.

선거에서 표를 의식한다는 것은 유권자의 인기를 얻어야 한다는 말의 다름 아니다. 그런데 문화 예술은 당장 도로를 신설하거나 확장하며, 또 없던 건물을 짓는 것처럼 눈에 확 드러나지 않는다. 그래서 정치 지도자가 이런저런 일을 했다고 말하기가 어렵다. 또 문화 예술이 불러일으키는 변화는 빠른 시간 내에 드러나지 않는다. 따라서 임기가 정해진 지도자들이 성과를 보여주기 어렵다. 그래서 투자 순위를 늦추지 않을까 싶다.

그러나 이제 분명한 것은 지금까지와는 달리 문화 예술을 바라보아야 한다. 문화 예술이 관광 자원이 되고 있고, 산업의 동력이 되고 있으며 미래에 가장 각광받는 분야가 될 수 있다는 점에서 그렇다. 무엇보다도 기계 문명의 발달로 인간성이 상실되고 인간의 가슴이 싸늘히 식어가고 있음을 모두가 보고 있고 느끼고 있기 때문이다. 이 지구촌을 인간이 사는 마을로 가꾸기 위해서는 문화 예술에 대한 투자가 늘어나야 한다.

특히 미래를 준비한다는 측면에서 창의적 인재를 양성하

기 위해서 문화 예술에 대한 관심이 더욱 적극적으로 표현되어야 한다. 문화 예술을 통해 인간은 위로 받고 희망을 발견해야 하기 때문이다. 지구촌의 미래는 언제나 밝기만 한가? 최근 들어 일어나고 있는 여러 자연재해들은 지구촌의 삶을 위협하고 있는 경우가 적지 않다. 창의적 인재는 문화 예술계에서만 요구되는 인재가 아니다. 전 지구촌 모든 문제에 창의적인 인재가 필요하다.

그렇다면 전 세계가 문화 예술 교육에 투자하는 것은 물론 창의적인 인재 양성을 위한 교육에도 투자를 해야 한다. 문화 예술이 현실적인 삶의 고달픔을 위로하기도 하고 희망을 갖게도 한다. 미래를 밝힐 수 있는 여러 방안 중 문화 예술 교육보다 앞자리에 내세워야 할 것이 무엇이 있을까? 쉽게 다른 대안이 나오지 않는다. 문화 예술 교육을 통해서 원만한 인재를 육성하는 것이 상책이다.

지식 교육이 아니라 감성 교육이 이루어져야 한다면 문화 예술을 제쳐두고 무엇을 할 것인가? 감성 교육은 오늘날 우리가 절대적으로 중요하다고 외치는 바로 그 인성 교육에 직결되는 것이다. 머리가 아니라 가슴이 따뜻한 사람을 키워야 한다. 문화 예술은 삶이 무엇인가를 생각하게 하고, 살아온 삶을 돌아보게 하고, 어떻게 살아갈 것인가를 꿈꾸게

한다. 따라서 문화 예술의 지원이 창의적인 인재를 양성할
수 있게 하는 것이다.

문화 예술,
육체와 정신 건강에 이롭다

　　　　　　사람은 왜 사는가? 라는 질문에 명확히 답
하기는 어렵다. 지구촌에 철학이 존재하고 예술이 존재하
는 이유는 그런 질문에 대한 답을 찾기 위한 것이 아닐까 생
각한다. 사람마다 사는 이유가 똑 같을 수는 없을 것이다.
그러나 보편적으로 생각한다면 재미있게 사는 것이 아닐
까. 물론 재미만을 추구하는 삶에 대한 반론도 적지 않을 테
지만 그 중에 그래도 가장 공감대가 넓은 편에 속할 것이다.
　인간의 삶에서 재미를 느끼려면 어떻게 해야 하는가? 재
미를 느끼는 것에도 적지 않은 준비가 필요하다. 그 준비 중
에 가장 중요한 것이 건강이다. 신체적 건강을 비롯해서 정
신적으로도 건강해야 재미를 느끼며 살 수 있다. 예부터 인
류는 육체적 건강에 대해서는 지나치다 싶을 만큼의 관심
을 갖고 있었다. 나무랄 일은 아니다. 그렇지만 정신 건강을

위해서는 육체 건강을 위한 관심의 반도 쏟지 않는다.

이 같은 필자의 주장이 비난을 받고 사실이 아니길 빌고 싶다. 그러나 엄연한 현실이다. 다른 자료는 제쳐두고 인류 문화의 보고인 책 읽는 일만 살펴봐도 금방 현실을 파악할 수 있다. 정신 건강을 위하는 길은 문화 예술을 자주 접하는 것이다. 공연장과 전시장엘 가는 것이다. 가서 문화 예술을 보고 듣는 것이다. 문화 예술을 즐기려면 공부를 해야 한다. 공연장과 전시장에 자주 가는 것 이상의 공부는 없다.

"건강한 신체에 건전한 정신이 깃든다"는 말은 2천여 년 전 로마시대 시인 유베날리우스가 한 말이다. 신체 건강을 더 우선한 말이 아닌가 생각할 수도 있겠다. 그렇지만 그것의 선후를 크게 문제 삼은 것은 아니고, 육체와 정신이 적절히 균형을 이루어야 한다는 의미일 것이라고 나는 믿는다. 시인이 정신의 건강보다 육체의 건강을 우선해서 이야기하지는 않았을 것이기 때문이다.

21세기에 접어들면서 문화의 세기라고 부르면서 조금 나아진 부분이 없지 않지만 지금도 육체적인 건강에 쏟는 정성보다 정신 건강에 쏟는 정성이 부족하다. 앞으로 더욱 나아질 것이란 기대도 갖고 있고 반드시 그렇게 되어야 한다. 육체적으로 건강하고 정신적으로도 건강하려면 어떻게 해야 하는가? 실천은 어려울지 모르지만 대답은 비교적 간단하고 분명하다. 문화 예술을 가까이 하는 삶이다.

문화 예술을 가까이 하지 않는 삶은 변화 없는 삶이다. 그게 그것이고 그날이 그날인 삶이다. 문화 예술을 가까이 하면 날마다 다른 삶을 살 수 있다. 문화 예술은 늘 새롭게 창조되는 것이기 때문이다. 새로움으로 가는 길에 재미가 따라 붙는다. 재미는 늘 새로움을 요구한다. 결국 그 창조의 맛이 재미의 맛이 되는 것이다. 예술인들이 존경받는 이유는 재미를 느끼게 할 새로움을 창조해 주기 때문이다.

따라서 삶에 대한 의욕을 북돋우고 삶을 즐기기 위해서 우리는 문화 예술에 아주 가까이 가야 한다. 가능한 한 분야에 집중적으로 관심을 가지면 그 분야의 전문가로 살 수도 있다. 그렇게 되면 기분이 좋아진다. 기분이 좋아지면 신체 기능도 아울러 좋아지는 것이며 그러면 삶이 활기차게 된다. 미국예술연합이 문화 예술이 육체와 정신 건강에 이롭기 때문에 정부가 지원해야 하는 여덟 번째 이유로 들고 있는 것이다.

문화 예술이
공동체를 활성화한다

미국예술연합은 문화 예술을 지원해야 하는 이유 열 가지를 들면서 그중 아홉 번째로 "문화 예술이 공동체를 활성화한다."는 주장을 하고 있다. '공동체'의 사전적 해석은 '공동 사회'라는 의미를 가지기도 하고 '생활이나 운명을 같이 하는 조직체'다. 사회의 기본 단위가 되는 가족에서부터 모든 사회는, 사회라는 말 속에 그 의미가 들어있지만 혼자가 아니라는 것이다. 나만 있는 것이 아니고 너도 있고, 그도 있다는 것이다.

예술이 그러한 조직을 활성화한다는 것을 가장 쉽게 이해할 수 있는 것으로 노래가 있다. 모든 나라엔 애국가가 있고, 종교에서도 기독교엔 찬송가, 불교엔 찬불가가 있다. 뿐만 아니다. 각급 학교엔 교가가 있고, 군에 가면 군가가 있고, 회사에도 사가社歌가 있는 곳이 적지 않다. 이런 노래들을 왜 만드는가? 공동체 활성화를 위해서다. 이것은 바로 노래가 공동체를 활성화한다는 분명한 증거가 되는 것들이다.

조직체만 노래를 갖는 것이 아니라 어떤 사업을 성공하기 위해서도 노래가 창작될 수 있다. 그 대표적인 것이 우리나라의 「새마을 노래」다. 이 노래가 우리의 근대화에 끼친 영향은 실로 수치로 환산하기 어려울 것이다. 모든 지역들이 그런 노래들을 갖기를 원하고 있다.

문화 예술은 확실히 공동체를 활성화되게 한다. 개인주의가 팽배한 지금은 아니지만 옛날 농경시대에서의 삶은 공동체가 갖는 예술 활동이 생활 속에 녹아 있었다. 현대에 와서 지방자치제가 시행되면서 축제가 많아졌다고 한다. 그렇지만 옛날 농경시대와 비교해보면 그리 많다고 할 수도 없다. 농경시대엔 설부터 대보름을 비롯하여 삼월이면 삼짇날 등 다달이 공동체의 문화 예술 행사가 있었다고 보아야 한다.

그것은 필요였다. 함께 마을을 지키고, 혼자서가 아니라 생업 자체를 함께 해야 능률을 올릴 수 있는 것들이어서 지금과 같이 '따로 축제'의 삶이 아니었다. 오늘날 이루어지고 있는 많은 축제들은 참 많은 의미를 담고 있고, 목적 또한 하나가 아닌 여러 개, 이른바 다목적이다. 지역민들이 즐기게 하는 것을 기본으로 삼지만, 축제를 통해 지역을 홍보하겠다는 강한 의지들을 갖고 있다. 그것은 모두 공동체의 발전을 위해서다.

문화 예술을 통해서 공동체를 활성화하는 방법으로 근년

에 들어와서 문화를 활용하고 있기도 하다. 한 회사 직원 모두가 함께 영화를 보러 간다거나 공연장엘 가고 또 전시장엘 가는 기획을 하는 것이다. 특히 연말에 '문화 송년회'라고 하여 공동체별로 단체 관람을 하는 것들은 매우 바람직한 현상이 아닐 수 없다. 함께 문화를 접하고 나면 자연스레 화젯거리가 생기고 그런 과정에 소통하게 되고 공동체는 활성화되는 것이다.

뿐만 아니다. 문화를 접하면 자연스레 그 조직, 즉 공동체의 품격이 높아진다. 공동체가 활성화되면 그 속에 피는 문화도 활기차고 희망차다. 문화가 공동체를 활성화하는 것은 문화가 가진 위대한 힘 중의 하나라고 하지 않을 수 없다.

예술,
창조 산업의 근간이다

'창조산업'이 무엇인가? 그 개념을 분명히 정의하기가 필자로선 참 쉽지 않은 용어다. 그러나 이효수 교수의 『창조경제』라는 책을 통해서 보면, '창조산업'

이란 용어는 1994년 호주 정부의 '창조국가' 보고서에서 처음 사용되었고, 이후, 1997년 영국의 토니블레어 노동당 정부가 집권하면서 창조산업 테스크포스를 구성한 것에서 출발했다고 한다. 테스크포스 팀은 창조 산업의 기준을 설정해 기존 산업 가운데 이 기준에 부합하는 산업을 창조산업으로 분류하고 창조산업의 규모를 측정해 1998년 '창조산업매핑문서'를 발표했다.

이 문서에서 창조산업의 개념을 "개인의 창의성과 재능에 기초한 지식 재산의 생산과 활용을 통해 부와 일자리를 창출할 수 있는 산업"으로 정리했다고 한다. 구체적인 업종으로 광고, 건축, 예술 및 골동품, 공예품, 디자인, 패션, 영화 및 비디오, 양방향 레저소프트웨어, 음악, 행위예술, 출판, 소프트웨어, TV 및 라디오 등이다. 이 13개 업종이 창조산업으로 분류되었다. 어느 나라를 막론하고 창조산업에 그야말로 관심을 기울이지 않을 수 없었고, 2004년 '유엔무역개발회의' 제9차 장관회의에서도 창조산업의 개념을 정의하고 창조산업을 국가경제 및 개발의제로 도입하면서 경제발전의 핵심적 정책이 되었다.

이와 같은 과정에서 문화산업은 창조산업으로, 창조산업은 창조경제로 확대 규정되었고, 창조산업은 경제성장의 핵심 전략 산업으로 인식하지 않을 수 없게 되었다. 그래서 모든 국가에서 창조산업은 문화산업을 중심으로 규정하고 있다고 한다. 이효수 교수는 창조산업의 성격을 규정하는 핵심적 요소가 '창의성'인가 '문화'인가 반문하면서 창조산업의 개념을 넓게 창조산업을 '창의적' 지식을 핵심 요소로 재화와 서비스를 생산하는 산업으로 규정하고 있다. 문화 예술엔 창의적 지식이 활용되지 않는 것이 하나도 없다.

창조산업은 그 개념부터 창조되는 것이라 혼란스럽긴 하지만, 분명한 것은 그야말로 창조적이란 데 있다. 지금까지 없었던 그 무엇이 만들어지는 것이기도 하고 산업의 퓨전화 현상도 일어나는 것이다. 따라서 앞에서 창조산업의 업종을 13개로 구체화한 것은 의미 없는 일이 될 가능성이 많다. 현재는 왕성한 산업이기도 하지만 사라질 것도 있을 테고, 현재엔 존재하지 않는 산업도 앞으로 산업의 중심에 와 있게 될 수도 있기 때문이다.

그런 창조산업의 실증으로 'KOTRA·한국문화산업교류재단'이 발간한 '2014년 한류의 경제적 효과에 관한 연구 보고'를 보면 참으로 놀랍다. 가수 '엑소', 드라마 '별에서 온 그대', 화장품 '설화수' 등 이른바 한류의 생산 유발 효과는 2011년 11조1224억 원, 2012년 11조3535억 원, 2013

년 12조375억 원, 2014년 12조5598억 원으로 늘어났고 분야별로는 게임, 관광, 식음료 순이라고 한다. 2014년의 이 액수는 갤럭시 S6 1464만 대를 판 효과라고 하니 한류의 위력을, 아니 창조산업의 위력을 짐작하고도 남을 만하다.

앞에서 잠시 언급했지만 창조산업의 핵심이 창의성인가 문화인가는 크게 신경 쓸 필요가 없다. 창의적인 것과 문화적인 것 모두가 창조산업이기 때문이다. 중요한 것은 이렇게 문화 예술이 창조산업의 근간이 된다는 것. 이런 현실인데 어느 정부가 문화 예술을 지원하지 않고 발전을 꿈꿀 수 있겠는가? 미국 예술연합회에서 모든 나라가 문화 예술을 지원해야 하는 열 가지 이유 중 마지막으로 제시한 것이 창조산업의 근간이 되기 때문이라는 이 이유는, 사실 더 이상의 설명이 필요 없는 명약관화明若觀火한 사실이다.

문화로 손잡으면
마음이 움직인다

제35주년 5.18 민주화운동 기념식에 참가했다. 비가 내렸다. 우의 입고 우산을 받치며 기념식에 참석하는 동안 날씨가 참 많이 괴롭혔지만 다른 때와 달리 그 거추장스러움을 짜증낼 수는 없었다. 이 기념식이 갖는 의미가 그런 자질구레한 일들을 생각할 겨를을 주지 않았기 때문이다. 국무총리 직무대행, 여·야당 대표, 정부 부처장, 지방자치단체장 등 참 많은 사람들이 비를 맞으며 기념식을 올렸다.

그러나 또 다른 곳에서 5.18 기념식이 열리기도 했고, 같은 식장에서 「임을 위한 행진곡」을 부르는 사람, 부르지 않는 사람, 또 제창이니 합창이니 하는 논란이 가시지 않는 것은 35년이나 지난 지금도 풀어야 할 일들이 많다는 사실을 알려주고 있다. 민주화를 위하여 희생된 사람들의 명복을 비는 자리인데 이렇게 한자리에 있어도 마음 다른 사람들이 많으니까 걱정이 아닐 수 없다.

필자는 대구광역시(달구벌)와 광주광역시(빛고을)가 이른바 달빛동맹을 맺고 민간 교류를 확산시키고자 구성된 '달빛동맹 민관협력위원회' 위원으로 위촉받아 창립 총회 참석을 겸해 기념식에 갔다. 참석하고 보니 민관협력위 창립의 필요성이 피부에 와 닿았다. 하나가 되기 위해서 해야 할 일들이 많겠다고 느꼈다. 민과 관이 생활 속에서 그 필요성을 찾아가고 해결해가면 많은 문제를 풀 수 있을 것이기 때문이다.

특히 문화는 그중에서도 탁월한 힘을 발휘할 수 있는 분야라고 생각된다. 협력위 창립총회에서 SOC, 경제 산업, 환경생태, 문화체육관광, 일반 협력 등 5개 부문으로 나누어 추진할 23개의 아젠다를 설정했다. 문화로 접근하는 상생의 길은 6개의 아젠다가 설정됐다. 시립 예술단 교류 공연, 민간부문 문화 예술 교류, 레지던스 프로그램 참여 작가 교류, 달빛 투어 교류, 달빛 체육 교류. 무등산, 팔공산 탐방 프로그램 운영이 그것이다.

이 중 시립 예술단 교류 공연은 이미 2011년부터 이름은 다르지만 추진해온 경험이 있기 때문에 별 어려움 없이 잘 진행될 수 있을 것으로 보인다. 민간 부문 문화 예술 교류도 양도시의 문화 예술 단체를 통하면 크게 어려울 일이 아니다. 그러나 일이 쉽다고 해서 다 좋은 것은 아니다. 일이 쉬우면 달성하고자 하는 목적에 기여하는 바가 적을 수도 있기 때문이다. 그냥 연례행사처럼 치러지면 성과가 없다.

필자는 그런 측면에서 문화 분야 아젠다에서 '레지던스 프로그램 참여 작가 교류'에 가장 큰 기대를 걸고 싶다. 비교적 긴 기간 양 지역에 머물며 그 지역과 그 곳 사람들을 좀 더 깊이 알 수 있게 될 것이기 때문이다. 짧은 시간 혹은 기간 동안 무엇이든지 그 본 모습을 제대로 보아내기는 어렵다. 특히 사람살이를 통해 한 지역의 특성을 알려면 어느 정도의 기간이 필요한 것이다.

문화로 접근하는 아젠다는 큰 일이라고 보기는 어렵다. 그러나 일의 크기로 성과를 미리 재단해선 안 된다. 커도 의미 없는 일이 있고, 작아도 알찬 성과가 있을 수 있기 때문이다. 문제는 얼마나 정성을 쏟아 일을 진행하는 가다. 하나 되는 일은 쉽지 않다. 그렇지만 문화로 손잡으면 마음이 움직인다. 그것이 상생의 길로 드는 것이다. 이제는 그것이 선택하면 좋고 나쁘고의 수준이 아니라 선택하지 않으면 안 되는 시대가 되었다.

나눔 문화 확산, 정책 있어야

'기부寄附'는 "자선사업이나 공공사업을 돕기 위하여 돈이나 물건 따위를 대가 없이 내놓음"이라는 의미를 갖는다. 가진 사람들이 가지지 못한 사람들에게 베푸는 것이라 결국은 나누는 것이 되기 때문에 우리말로는

'나눔'이라고 표현하기도 한다. 기부라는 단어가 '준다'는 의미만 강해 약간 거북한데 '나눔'이라고 하니 훨씬 부드럽기도 하고 기부 문화의 원뜻에 더욱 부합하는 말로 느껴진다.

현대경제 연구원이 '나눔의 경제학 - 영미와 비교한 한국 나눔 문화의 특징 및 시사점'을 발표했다. 내용을 살펴보지 않아도 미국과 영국에 비해 훨씬 떨어질 것이라는 짐작은 쉬이 할 수 있었다. 그런데 그 차이가 생각했던 것 이상이다. 규모로는 2013년 기준 GDP 대비 비중이 우리가 0.87%, 미국은 2.0%가 넘는다. 우리나라도 기부문화가 크게 진작되고 있는 것으로 아는데 아직은 많이 부족한 듯하다.

기부를 하지 않거나 못 하는 사람들이 기부 문화에 관해서 이래야 한다, 저래야 한다고 하는 것은 사리에 맞지 않다. 그렇지만 그런 부족함과 부끄러움을 벗어나기 위하여 기부에 대해서 공부를 하는 것은 나무랄 일이 아니다. 그리고 냉정하게 돌아보면 작든 크든 누구를 한 번이라도 도와주지 않은 사람은 이 세상에 없을 것이다. 내세울 만큼이 아니라서 그렇지, 이웃을 돕거나 친구를 도운 일들은 누구에게나 있다.

우리 국민의 기부 참여율이 경제협력개발기구 회원국 34

개국 중 25위에 머물고 있으며, 기부 참여율이 34.5%로 OECD 회원국 평균에 미치지 못한다. 등위가 중요한 게 아니라 평균치에 이르지 못한다는 것이 안타깝다. 평균보다 낮다니 인정하기가 싫어지고, 십시일반+匙一飯의 정신이 우리에게 깊이 박혀있는데 하는 의심도 든다. 또한 발표된 특징들을 보면 우리 기부 문화에 대해서 생각해 볼 일이 한두 가지가 아니다.

우리의 나눔 문화가 영국 미국 등과 비교했을 때 청소년의 자원봉사가 압도적으로 많고 65세 이상 고령자의 자원봉사 참여율이 상대적으로 저조하다고 한다. 이렇게 되면 노인들이 젊은이들에게 뭘 모른다고 소리치거나 뭘 제대로 하지 않는다고 꾸중하기가 민망할 수밖에 없다. 그렇잖아도 초고령 사회에 접어들어 눈치가 보일 수밖에 없는데 이런 통계가 나오니 한국 노인들의 체면이 영 말이 아니다.

이와 함께 선진국에 비해 고액 기부자가 적다. 미국은 100만 달러 이상 기부자가 2014년 1064회로 총 141억 달러, 영국은 300회에 23억 달러에 이른다고 한다. 우리나라는 오너소사이어티 회원들의 누적 기부액이 1099억 원 정도. 또 기부의 목적도 다양하지 않다. 우리는 금액으로 80% 정도가 종교 관련 기부인데, 미국은 약 30%, 영국은 14% 정도라고 한다. 기부 목적이 좀 더 다양해져서 문화를 발전시키는 데도 기여할 수 있어야 한다.

어떤 의미에서든 나눔 문화는 확산되어야 한다. 사회 갈등을 줄이기 위해서도 그렇고, 경제 성장에서도 나눔이 중요한 사회 자본이기 때문에 그렇다. 국가적 차원에서 나눔 문화의 확산을 위한 정책을 수립 실천해야 한다. 특히 기부금과 관련된 세제를 탄력적으로 운영할 필요가 있다. 그리고 부자들과 재벌들이 나눔 문화에 더 많은 신경을 쓰는 분위기 조성에 힘써야 한다. 세상이 좋아지기 위해서는 가진 사람과 힘 있는 사람이 먼저 가슴을 열고 지갑을 열어야 한다. 궁극적으로는 기부를 국민의 의무라고 생각하도록 해야 하고, 액수보다 참여가 더 중요한 사회 분위기를 조성하여야 한다.

문화가 삶을
어떻게 바꾸는가?

검색檢索 아닌
사색思索을

피서에도 격이 있다. 우리 조상들의 피서 문화는 어떤 것들이 있나 찾아보고 오늘날의 피서 문화가 괜찮은 것인지 생각해 보고 싶다. '바캉스Vacances'라는 말이 유행하면서 우리에게 원래 없었던 문화가 근대 이후 새로 생긴 것으로 알고 있는 이들이 적지 않은데, 그것은 아니다. 우리 선조들은 참으로 훌륭한 피서 문화를 즐기고 살았다. 피서의 본질이 무엇인가를 제대로 알고 즐겼다.

그 피서는 대체로 복날을 중심으로 해서 펼쳐졌다. 복날은 초복, 중복, 말복으로 열흘 간격이다. 초복과 말복까지는 20일이 걸린다. 해에 따라서 중복과 말복 사이가 20일 간격이 되기도 하는데 이를 월복越伏이라고 한다. 이 기간이 여름철 중에서 가장 더운 시기가 되는 것이다. 더위는 사람을 쉬 지치게 한다. 특히 일을 하기 어렵게 만든다. 지치지 않고 일을 할 수 있어야 넉넉한 가을을 맞이할 수 있기 때문에 여러 분야에 신경을 쓴다.

농경시대 우리 삶의 중심이 되었다고 볼 수 있는 벼는 복날에 나이를 한 살씩 먹는다고 한다. 벼는 줄기마다 마디가 셋 있는데 복날마다 하나씩 생기며 이것이 벼의 나이를 나타낸다. 또한 벼는 이렇게 마디가 셋이 되어야만 비로소 이삭이 패게 된다고 한다. 이를 좀 더 확대 해석하면 모든 곡식들이 한여름의 더위를 겪어야만 열매 맺을 수 있다는 말이 되는 것이다. 여름은 열매를 익히는 계절이니까 말이다.

피서는 더위를 피해 제대로 쉬는 것이다. 휴식 전문가 메튜 애들런드는 「휴식」에서 "얼마나 쉬느냐가 아니라 어떻게 쉬느냐가 중요하다. 당신이 늘 피곤한 이유는 휴식이 부족해서가 아니다. 휴식의 방법이 틀려서이다. 진정한 휴식은 회복하게 해 주는 것이다."라고 썼다. 우리 조상들의 피서문화 중에서 탁족은 문화민족의 품격 있는 피서법이다. 탁족은 그 상징성이 매우 넓다.

발을 씻으면서 먼 길 오며 수고했다고 발에게 말할 수도 있을 것이다. 먼 길을 걸어온 것만이 아니라, 앞으로 걸어온 길 보다 더 멀리 가기도 해야 한다. 그런 수고를 감당할 발을 위로하고, 앞으로 더욱 다정하게 또 힘차게 걸어가자는 약속을 하는 것이라면 이 얼마나 멋진 일인가? 꼭 피서지에 가서 해야 할 일이 아니라 매일 저녁 발 씻을 때도 해볼 만한 일이다.

쉬는 것이, 그야말로 노는 것이 아니라 다시 출발하기 위한 준비라면 발을 씻는 일보다 더 어울리는 일이 어디 있을까 싶다. 발을 씻으면서 걸어온 길 돌아보고, 갈 길 내다보는 일, 이 보다 더 품격 있는 피서가 어디 있겠는가? 그런데 요즈음 피서지 풍경, 그 어디를 둘러봐도 사색이 없다. 조용함도 없다. 시끄러운 분위기 속에서 모두가 스마트폰을 들고 검색에 열중하고 있다. 스마트폰 검색은 어디서나 할 수 있는데 피서지까지 와서 검색만 하고 있다면 피서지에 무얼 하러 왔는가 묻고 싶을 정도다. 시원함을 검색하고 휴식을 검색하고 있을까. 여유 혹은 여가를 어떻게 보내는가가 바로 삶의 품격을 드러내는 것이다. 우리 조상들이 즐긴 피서 탁족의 여유와 품격은 어디 갔는가? 피서지에 와서도 일상을 벗어나지 못하고, 사색은 하지 않고 검색만 하는 문화를 품격 있는 피서라고 말하기는 아무래도 어려울 것 같다.

공연 티켓
원 플러스 원 지원 사업

문화체육관광부와 한국문화예술위원회가 주관 예매처 인터파크를 통해 '공연 티켓 원 플러스 원 지원 사업'을 펼친 적이 있다. 티켓 한 장을 사면 티켓 한 장을 더 주는 사업이다. 2015년 전반기 메르스 확산으로 어려움에 처해있는 문화 예술계의 활로를 모색하고, 이 사업을 통해 국민들의 공연장 유입을 유도, 예매율 저조 등 시장 침체 흐름의 반등 계기를 마련하고 문화 향수 기회를 확대하겠다는 것이다.

어떤 의미에서든 대한민국 정부가 침체된 공연 예술계의 사정을 들여다보고 활성화시키겠다는 계획을 세운 것은 대단히 의미 있는 일이다. 특히 메르스가 공연 시장에 끼친 영향을 걱정하고 공연 시장 침체 흐름을 반등시켜, 국민의 발길을 공연장으로 돌릴 수 있게 하겠다는 목적은 공연 예술계 종사자들에겐 가슴이 뭉클할 정도로 반가운 일이다. 따라서 공연 예술계에선 그야말로 쌍수를 들어 정말 환영하지 않을 수 없는 일이다.

그럼에도 불구하고 공연 티켓 원 플러스 원 지원 사업을 대단히 잘 하는 것이라고 박수만 치기 어려운 면이 있다. 어쨌든 그 사업이 반짝이나마 공연 예술계를 지원하게 된 것은 분명하다. 그렇지만 내성을 약화시킬 우려가 있다는 점을 간과해선 안 된다. 장단점이 없는 일이 어디 있을까 마는 현장을 조금만 더 세밀히 살핀다면 반영할 수 있는 사항들이 도외시된 것도 없지 않다.

그것은 세 가지 정도로 요약할 수 있겠다. 그 첫째가 이 사업에도 여전히 지방 공연에 관심이 부족했다는 것이다. 서울이 아니라 광역시가 아니라 일반 시군이나 아니면 그 이하의 지역에도 공연 단체가 있다는 사실을 간과한 것 아닌가 싶다..그리고 그 지역 주민들의 문화 향수 기회를 더 늘여야 하는 것이 정부의 입장이 아닌가. 따라서 그런 열악한 지역에 더 많은 혜택이 돌아갈 수 있는 방안이어야 한다는 것이다.

둘째로 지원 대상 선정에 있어 기초 예술 분야에 좀 더 많은 관심을 가져야 한다는 것이다. 공연 예술계가 메르스 이전엔 아주 괜찮았는가? 아니었다. 그전에도 어려웠다. 언제나 어려웠다. 정부가 300억 원 정도의 예산을 가지고 공연계를 활성화시킬 수 있는 것처럼 말하는 것은 공연 예술계를 너무 모르는 일이다. 원 플러스 원 지원 사업에서 할인

적용가격이 5만 원 이하라면 10만 원 짜리다. 공연 예술계에서 10만 원 이상의 티켓이라면 고급 오페라나 뮤지컬이지 않겠는가? 티켓을 구입하는 사람도 이왕이면 덕을 많이 보는 티켓을 산다면 지원하지 않아도 될 곳에 지원을 하는 것이 아닌가 하는 우려를 버릴 수 없다.

셋째로 공연 티켓 1+1 지원 사업은 아무리 생각해도 일회성이 될 수밖에 없는 사업이 아닌가 하는 것이다. 이런 1회성 사업으로 공연 예술을 진흥시키고 국민들의 발길을 공연장으로 옮기게 만들기는 어렵다. 장기적인 안목으로 보면 공연의 질을 높이는 것이 가장 중요한 일이다. 좋은 공연이라면 공연장에 사람이 모인다. 영화의 경우를 보라. 천만 이상이 관람하는 영화가 생기지 않는가?

따라서 정부는 공연 티켓 원 플러스 원 지원사업과 같이 지방과 기초 예술을 깊이 살피지 못하고 1회성인 사업을 지양하고, 공연 예술의 먼 미래를 바라보는 사업을 펼쳐야 한다. 이 또한 시행착오일 수 있지만, 줄일 수 있는 시행착오다. 좋은 공연 제작에 지원을 해야 하고, 기초 예술을 진흥시키는 사업들을 기획해야 땜질식 정책이 되지 않을 것이다.

문화와 함께 하는
송년회

12월에 들어섰다. 기다린 사람 많지 않을 테지만 12월은 와서 한 해의 꼬리를 갉아먹고 있다. 이렇게 한 해가 다 차면 또 역사 속으로 사라지고, 살아있는 모든 사람들은 한 살씩의 나이를 더 먹으며 지난해와 크게 다르지 않을 새 해를 맞으며 살게 된다. 그러나 우리는 가는 세월을 마냥 안타까워하고 있을 수만은 없다. 한 해의 끝으로 가고 있는 발걸음에 아쉬워도 새로운 해를 살아갈 희망을 실어야 한다.

시인 오세영은 「12월」을 다음과 같이 노래했다. "꽃처럼 남김없이 사라져 간다는 것은/ 얼마나 아름다운 일인가/ 스스로 선택한 어둠을 위해서/ 마지막 그 빛이 꺼질 때// 유성처럼 소리 없이 이 지상에 깊이 잠든다는 것은/ 얼마나 아름다운 일인가/ 허무를 위해서 꿈이/ 찬란하게 무너져 내릴 때// 젊은 날을 쓸쓸히 돌이키는 눈이여/ 안쓰러 마라/ 생애의 가장 어두운 날 저녁에/ 사랑은 성숙하는 것// 화안히 밝아오는 어둠 속으로/ 시간의 마지막 심지가 연소할 때/ 눈 떠라/ 절망의 그 빛나는 눈."

그렇다. 가야할 것은 가야 하는 것이다. 가야 할 때 가는 것이 아름다운 것이다. 그것이 이 우주가 존재하는 원리인지도 모른다. 그러나 언제나 가는 것을 우리는 아쉬워한다. 그래서 그냥 가만있지 못한다. 한 해의 마지막 달 12월에 송년회送年會 혹은 망년회忘年會라는 이름으로 참 많은 모임을 가진다. 송년회는 사전적으로 '한 해의 마지막 무렵에 그해를 보내는 아쉬움을 서로 나누기 위하여 여러 사람이 모여 갖는 모임'이고, '망년회'는 '연말에 그 해의 모든 괴로웠던 일들을 잊자는 뜻으로 베푸는 연회'다.

이런 모임을 갖는 것은 참 소박한 우리네 삶의 한 양상이다. 기쁨보다 어려움이 더 많았을 한 해를 돌아보며 망년회라는 이름이 송년회보다는 어휘적인 것으로는 더 구체적인 목표를 갖는 것으로 풀이되지만 그 뜻은 거기서 거기다. 이런 모임들은 소박해서 아름다운 일들이다. 서로 마음으로 가까운 사람들이지만 일상에 쫓겨 만나지 못해도 연말에 한 번쯤은 만나거나, 자주 만나는 사람들이라도 함께 한 해를 돌아본다는 의미가 있기 때문이다.

사람이 산다는 것은 사람 만나는 일일지도 모른다. 사람 살이는 어떤 사람을 만나느냐에 따라 달라진다. 그것이 어떤 만남이든 그 만남을 더 의미 있게 하기 위해서 갖는 모임이라면 좋고 나쁜 것이 있을 수 없다. 서로를 격려하며 서로가 서로에게 위안 받는 모임이라면 굳이 어떤 형식에 얽매일 필요가 없기 때문이다. 그러나 이왕 모이는 그 뜻 깊은 모임을 더 의미 있게 하는 방법은 없을까? 있다. 21세기에 접어들면서 생기기 시작한 '문화송년회'가 바로 그것.

문화송년회, 그게 뭐 특별한 것은 아니다. 만난 사람들이 문화 활동을 함께 하며 즐기고 좋은 추억을 만드는 일이다. 이를테면 오페라나 뮤지컬, 연극, 영화, 그리고 음악회를 비롯한 각종 공연을 함께 보는 것이다. 꼭 공연만이 아니다. 함께 전시장을 둘러볼 수도 있고 좀 더 적극적으로는 직장이나 동호인들끼리 직접 공연을 해볼 수도 있다.

지금까지 해오던 방식대로 만나서 식사하고 술 마시고 노래방에 가는 것도 전적으로 의미없는 것은 아니다. 그렇지만 그 보다 좀 더 의미 있게 보내는 것이 문화와 함께 하는 것이라고 많은 사람들이 동의했고 실천하고 있다. 이제는 연말 모임의 트랜드가 되기도 했다. 아직 문화망년회를 체험해보지 못한 사람들이 있다면 올 연말엔 꼭 한번 시도해보기를 권하고 싶다.

문화적인 삶은
어떤 삶인가?

6월이 왔다. 6월이 왔다는 것은 여름이 왔다는 것인데, 건강하고 멋진 여름을 보낼 수 있는 방법은 없을까? 벌써 휴가 계획을 세워 놓고 그날을 기다리는 사람들도 적지 않을 것이다. 그러나 휴가지에 가든 어디서 무엇을 하든 좀 의미 있게 보냈으면 좋겠다. 우리가 흔히 문화인이라고 부르는 사람들도 매우 특별한 삶을 사는 것이 아니라 보통 사람들과 똑 같이 살면서 어떤 일에서건 조금씩 다르게 하며 산다. 작은 의미를 생산하며 말이다.

필자는 여름 멋쟁이를 모자에서 찾는다. 패션의 완성은 모자라는 말을 들은 적도 있고 또 그 말에 전적으로 동의한다. 멋진 모자를 쓴 사람을 보면 멋을 아는 사람이란 생각이 드는 것이다. 나도 모자를 좋아한다. 그렇지만 여러 여건 상 마음대로 쓰고 살 수 없다. 눈이 나쁜 사람은 안경을 쓰고 머리 나쁜 사람은 모자를 쓴다는 우스갯소리도 있지만 여름 모자는 정말 멋 내기에 안성맞춤인 물건이다.

원래 모자는 의장의 일종으로서 인간의 위엄과 고귀성을 상징하는 용도로 썼던 모양이다. 그것은 왕관이나 추장들의 모자를 통해 유추해 볼 수 있다. 그 밖의 용도로 사람의 가장 귀중한 부분인 머리를 보호하는 역할을 하기도 한다. 철모나 작업모가 그 대표적인 예다. 그 외에도 모자는 다양한 용도에서 방서모, 방한모 등의 이름으로 불리며 존재해 왔다. 우리의 여름만 생각해도 밀짚모자를 여름과 떼놓기가 어렵지 않은가.

이어령은 "모자는 권위주의의 상징이다. 인간은 모자를 발견한 순간부터 권위의 노예가 되었다."고 쓴 적이 있다. 과거의 모자는 권위와 밀접하게 연결되어 있었다. 왕들은 공식적인 석상에서 왕관을 썼다. 그러나 현대의 국가 최고 지도자는 대부분 공식 석상에서 모자를 쓰지 않는다. 모자를 벗어 던진 것이 어쩌면 민주주의로의 발전이 아닌가 싶기도 하다. 지금은 모자가 권위에 봉사하기보다는 실용적이고 예술적인 데 더 많이 봉사한다.

예술의 세계에서도 모자는 표현의 대상이 되기도 하고 소품으로 쓰이기도 하면서 여러 분야에서 활용되고 있다. 영화 「바람과 함께 사라지다」에는 좋아하는 여인을 유혹하는데 모자를 선물하는 장면이 나온다. 여주인공 스칼렛은 모자를 좋아했고 색상이 화려한 모자를 많이 갖고 있다. 그걸 안 레트는 스칼렛을 유혹하기 위해 그녀의 눈동자 색과 똑 같은 초록색 모자를 선물한다. 참으로 인상적인 장면이었다.

그림에서도 독일 태생의 17세기 바르크를 대표하는 벨기에 화가 페테르 파울 루벤스의 「밀짚모자」가 있다. 이 작품은 젊은 여인의 초상화를 그린 작품이다. 루벤스의 걸작 중의 걸작으로 꼽힌다고 한다. 이 젊은 여인은 타조 깃털로 장식한 커다란 펠트 모자를 쓰고 있다. 푸른 하늘과 투명한 햇살, 여인의 해맑은 피부를 황홀하게 조화시킨 명품이다. 모자의 차양은 마치 양산 구실을 하며 여인의 하얀 피부를 가려주고 있다. 참 멋진 그림이다.

여름을 멋있게 보내는 방법으로 자기 멋을 드러낼 모자 하나 고르기 같은 건 어떨까. 예술적으로 산다는 것, 문화적으로 산다는 것, 말은 거창해 보이지만 사실은 우리 일상 속에서 이렇게 작은 일들을 만들고 그것을 즐기는 것이다. 문화적으로 산다는 것은 결국 재미있게 산다는 것이다. 미소를 머금고 사는 것이다. 문화 예술이란 고상한 말에 턱없이 기죽지 말자. 말이 고상한 만큼 실제가 고상한 것은 절대 아니니까.

'영혼의 기름기'
혹은 '정신의 독'

'정신'은 무엇이고 '영혼'은 무엇인가? 흔히 이 말에 대해서 다 아는 것처럼 행세하고 살지만 사실은 잘 아는 사람이 드물다. 필자도 물론 그걸 모르는 사람이다. 그래서 제대로 알아보겠다고 생각한 적은 많으나 그것을 제대로 알았다고 할 수 있는 수준까지는 공부해 보지는 않았다. 어쩌면 그것은 평생을 바쳐 공부한다고 해도 알았다는 말을 하기가 힘든 영역이라는 생각이 지레 겁먹게 했기 때문이다.

상식 수준으로 알려하면 국어사전을 찾아보는 것인데 英魂(영혼)은 '훌륭한 사람의 혼', 또는 '죽은 이의 혼을 높여 이르는 말'이라고 풀이하고 있고, 靈魂(영혼)은 일반적으로 '죽은 사람의 넋', '육체에 깃들어 마음의 작용을 맡고 생명을 부여한다고 여겨지는 비물질적 실체'를 말하며, 종교적으로는 가톨릭에서는 '신령하여 불사불멸하는 정신'으로 불교에서는 '육체 밖에 따로 있다고 생각되는 정신적 실체'로 풀고 있다.

한편 '정신精神'은 일반적으로 '육체나 물질에 대립되는 영혼이나 마음', '사물을 느끼고 생각하며 판단하는 능력 또는 그런 작용', '마음의 자세나 태도', '사물의 근본적인 의의나 목적 또는 이념이나 사상'으로 풀이된다. 철학적으로는 '우주의 근원을 이루는 비물질적 실재'로 풀이된다. 만물의 이성적인 근원력이라고 생각하는 헤겔의 절대적 정신이 대표적이다. 사전만 찾아보아도 이렇게 복잡하고 어려운데 실체는 어떻겠는가?

우리 국어사전의 경우 모르는 낱말의 뜻을 알아보려고 사전을 찾아보면 알려고 하는 말보다 더 어렵게 설명되는 경우가 있어 당황할 때가 있다. 이 경우가 그런 경우에 속한다. 위에서 보는 바와 같이 영혼을 설명하는 말에 정신이 나오고, 정신을 설명하는 말에 또 영혼이 나온다. 따라서 이것은 사전 찾는 수준에서 해결될 수 있는 일이 아니다. 그것에 대해서 아주 깊이 있게 공부하지 않는 한 이 정도에서 수습하는 게 좋을 듯도 하다.

'영혼'이나 '정신'이란 말에 관심을 갖게 된 것은 신문지상에 '영혼의 기름기'라는 말이 오르내려 이를 무엇으로 해석해야 하는 의문이 잠시 들었기 때문이다. 문재인 대통령이 2016년 히말라야 랑탕 지역 트레킹을 마쳤는데, 부탄에서 합류한 소설가 박범신이 "서울에 사는 게 영혼에 기름기가 끼는 것인데 기름기를 덜어냈을 거라 생각한다."고 인터넷 방송에서 말했다고 한다.

영혼에 기름기를 덜어냈을 것이란 말은 트레킹을 하면서 "매일 걸어야 하기 때문에 육체적으로는 고통이지만 영혼은 매우 가벼워졌을 것"이라는 데서 나왔다. 육체적 고통이 정신에는 결코 고통이 아닌 그 무엇을 얻게 한다거나 때 묻은 영혼을 맑게 했으리란 뜻에서 한 말일 것이다. '아픈 만큼 성숙한다.'는 대중가요 가사의 다름 아니지만 영혼의 성숙에는 육체의 고통이 필수적인 것인가 보다

우리 사회는 언제부턴가 '영혼이 없는 사회'라는 말이 나돌기도 했다. 분명한 것은 정신은 차리고 없어진 영혼은 찾아야 한다는 것이다. 어떻게 해야 할까? 고민이 아닐 수 없는데. 울기라도 해야 할까 보다. 박노정 시인은 "정신의 독을 빼는 것이 눈물"이라고 썼다. 고개가 끄덕여지지 않는가. 울어서 속 시원한 경험쯤은 누구라도 하지 않았는가.

현대사회는 분노는 많아도 눈물은 귀한 시대다. 가만히 생각해보면 눈물 날 일 참으로 많은 세상이지만 울지는 않고 화만 낸다. 나도 그렇다. 정신에 독이 가득 차 있기 때문이다. 본격적인 여름, 더위랑 불쾌지수와 맞서게 될 것이다. 그 고통을 영혼의 기름기 빼고 정신의 독 빼는 일이라 생각

하며 즐길 수 있어야 한다. 영혼의 기름기를 덜기 위해서…

문화진리가
무엇인가?

경주에서 열렸던 '실크로드 2015 경주'의 궁극적인 목표 중의 하나는 인류의 삶에서 문화가 중요하다는 사실을 깨우쳐 주는 것이다. 문화는 위대하다, 문화가 세계의 많은 문제를 해결할 수 있다는 믿음 속에서 이루어지는 것이다. 문화는 모르는 것을 알게 하고 몰라서 잡지 못했던 손을 잡게도 한다. 그런 의미에서 문화에 대하여 생각해보는 것은 참으로 문화적인 일이 아닐 수 없다.

필자는 최근 오래 정리하지 못했던 서가를 정리하다가 상해신아학원장 전목錢穆 저, 고려대 교수 김경탁金敬琢 역『문화학개론』이란 책을 만났다. 어떤 과정으로 내 서가에 꽂혀 있게 되었는지 전혀 기억이 없다. 1962년 을유문화사 간, 값 160원이다. 53년 전에 나온 책. 책이 외양으로 갖출 멋을 다 갖추었다. 일단 색깔이 바랠 만큼 바랬다. 책 읽는 맛이 '그래, 이 맛이야'라는 생각이 들게끔 한다.

책을 펼치니 세로판 국한문혼용이지만 한자가 훨씬 더 많다. 본문 7장, 부록 3장으로 만들어져 202쪽의 책인데 문화학은 어떤 학문인가? 문화의 3단계, 문화의 두 유형, 문화의 7요소, 동서문화의 비교, 문화의 쇠노衰老와 신생新生, 세계문화의 전망, 부록 편에서 세계문화의 신생, 공자와 세계문화의 신생, 인류의 신문화와 신과학을 다루고 있다.

흔히 우리 국민들은 정치인 아닌 사람이 없다고 하기도 하는데, 문화의 시대가 되니 정말 문화인이 아닌 사람이 없고, 문화에 대해 일가견 없는 사람이 없다. 그러나 문화를 안다고 말하는 것은 매우 위험한 일이다. 문화는 한 개인이 잘 알 수 있도록 범위가 좁은 것이 아니기 때문이다. 그래서 문화는 다 아는 것 같아도 정말 모르는 분야가 많다. 이 책을 읽으면서 나는 '문화학', '문화진리', '목사명이사총目思明耳思聰'이란 말에 느낌이 컸다.

저자는 '문화학'을 "인생의 의의를 연구하는 학문"이라고 정의한다. 그러면서 문화를 하나의 종합체로 보며 "모든 문제는 문화 문제에서 산출되는 것이요, 모든 문제는 문화 문제에서 해결되는 것이"라는 인식을 갖고 있다. 인생의 세 세계를 물질적 인생, 사회적 인생, 정신적 인생으로 나누고 이를 인류 문화 발전의 단계로 삼았다. 이는 문화에서 물질-사회-정신의 단계를 밟아 발전한다는 것이다. 문화의 7 요소는 경제, 과학, 정치, 예술, 문학, 종교, 도덕으로 보았다. 일반적으로 예술 속에 문학을 포함시키는데 이 책에서는 문학을 예술과 같은 수준에 놓고 있다. "예술은 비아非我의 물적 세계로 투입投入시키고, 문학은 인생을 '나'와 동류인 인적 세계로 투입시킨다."고 했다. 이것이 그 이유인 것으로 읽었다.

'문화진리文化眞理'는 "인성人性 가운데 인류문화 발전상의 주요한 요소가 몇 가지 있으니 이것은 바로 인성 가운데의 문화진리요, 중국 유가에서는 이것을 도道라 한다." 기독교의 사랑, 불교의 자비, 공자교의의 인과 같은 따위다. 이것은 바로 인류 문화 가운데 진실한 내용을 갖추고 있는 객관적 진리"라고 설명하고 있다.

'목사명 이사총目思明 耳思聰', 이 말은 보려고 할 때는 똑똑히 보아야 하고, 들으려고 할 때는 분명히 들어야 한다는 것이다. 대학에 나오는 "마음에 하고자 하는 바가 없으면 보아도 보이지 않고, 들어도 들리지 않으며, 맛을 봐도 그 맛을 모른다.(心不在焉 視而不見 聽而不聞 食而不知其味)"는 말을 알고 있어 신선미는 적어도 깊이는 더하는 듯하다. 이 말을 되뇌며, 문화진리가 제대로 보고 제대로 듣는 것 아닐까. 그리하여 문화를 제대로 인식하는 것, 그것이 문화진리에 가까이 가는 것이라고 생각한다.

문화의 시대,
예술에 대한 예의를

　　　　　대한민국의 시월은 그야말로 환상적인 계절이다. 그냥 고개만 들어도 푸른 하늘에, 옆만 돌아봐도 단풍이 지천이니, 이 보다 더 좋기가 어렵다. 이런 계절 시월은 문화의 달, 각종 축제가 마을마다 골골마다 풍성하게 벌어지고 있다. 더러는 이런 축제가 너무 많다고 하는 견해가 없지 않고, 낭비성 행사라고 하기도 하지만 필자의 견해는 축제는 많으면 많을수록 좋고, 축제에선 제발 그 신물 나는 손익 계산하지 말았으면 좋겠다. 축제는 우리 삶의 본질이라고 할 수 있는 즐거움을 주기 때문이다.

　이런 축제를 진정으로 즐기는 방법이 있다. 축제, 즉 공연장이나 전시장에서의 예절을 지키는 것이 즐거움을 배가시키는 것이다. 좋은 혹은 훌륭한 공연은 공연을 하는 사람과 그 공연을 보는 사람이 하나가 되는 것이다. 이 하나란 공연을 하는 사람은 관객을 생각하고, 관객은 공연하는 사람을 생각하는 것이다. 연주자나 배우는 최고의 기량을 발휘하려고 노력하는 것이고, 관객은 그들이 최고의 기량을 보여줄 수 있는 분위기를 만들어주는 것이다. 무대와 객석이 같은 뜻을 가져야 한다는 것이다.

지켜야 할 예절이 적지 않지만, 우리가 이제 문화 시민 혹은 문화 국민이라고 자부심을 가지려면 특히 두 가지 사항에 대해서 특별한 관심을 가져야 되지 않을까 생각한다. 그 첫째가 박수다. 박수拍手, '기쁨, 찬성, 환영을 나타내거나 장단을 맞추려고 두 손뼉을 마주 침'이라고 국어사전은 풀고 있다. 야외 공연과 대중 예술의 경우는 그야말로 박수를 무조건 많이 치는 것이 좋다고 말할 수 있다. 대중 예술 공연에서는 박수를 많이 유도하기도 한다. 이것이 클래식 공연장과의 차이점이기도 하다.

그러나 클래식 공연장에서는 박수를 아무 때나 치면 곤란하다. 아주 쉽게 말한다면 지휘자가 지휘를 하고 있는 동안은 절대로 박수를 치면 안 된다. 단 지휘자가 관중석을 향해 박수를 유도할 때는 허용된다. 지휘자가 지휘를 멈췄다 해도 교향곡은 한 곡이 보통 3~4악장으로 이루어지는데 악장과 악장사이에 박수를 쳐서는 안 된다. 전곡이 다 끝났을 때까지 기다려야 한다. 연주자도 관객도 모두 여음을 느끼기 위해서다. 그리고 연주자들이 곡의 분위기를 흩트리지 않고 다음 악장을 연주하여 관객들에게 곡의 진수를 들려주기 위함이다.

그리고 또 다른 하나는 사진 찍는 문제다. 대단히 심각한 상황이다. 휴대폰에 카메라 기능이 장착되면서 전 국민이 카메라를 휴대하고 다니는 시대가 되었다. 공연장에서는 사진을 찍을 수 없는 것이 원칙이다. 특별히 허가된 경우가 아니면 절대로 찍을 수 없다. 그런데도 공연 중간에 몰래몰래 찍으려다 관계자들로부터 주의를 받기도 하는데 찍고 싶은 욕망을 버릴 수 없는지 공연장에서 사진 찍는 불빛들이 번쩍거린다. 연주자들에게도 큰 피해를 주지만 뒤와 옆에서 관람하는 관객에게도 피해를 준다. 공연에 집중할 수 없게 하는 것이다.

우리는 이제 진정한 문화 시민이 되어야 한다. 우리나라 지역 공연장에도 외국인이 꼭 끼어있게 마련이다. 다문화 가정 가족도 있겠지만, 대한민국으로 관광을 온 사람들, 특히 공연을 보러 일부러 온 사람들도 있다. 이런 사람들에게 공연장에서 박수칠 시간도 모르고 박수치고, 사진을 찍어대면 우리를 문화시민으로 평가해 주겠는가. 공연장 에티켓은 그 나라 문화 수준의 척도이다. 따라서 에티켓은 철저히 지켜야 한다. 문화의 시대는 예술에 대한 예의를 지키는 것이 그 첫째다.

품위 있는 삶은
문화와 에티켓으로

　　　　　　품위 있는 삶은 누구나 동경하는 삶이다. 누구나 동경하는 그 삶은 권력이 있거나 돈 많은 사람들만이 가질 수 있는 것이 아니라, 따뜻한 가슴을 가진 사람이라면 누구나 누릴 수 있는 것이다. 그것이 얼마나 다행한 일인지 모르겠다. 품위를 권력과 돈으로 마음대로 할 수 있는 것이라면 권력가와 갑부들이 다 가져가거나 사 버리고 일반인들에게 돌아갈 게 없다면 얼마나 안타까운 일이겠는가? 그런데 그게 아니니 참으로 다행한 일이다.

　그런데 품위를 유지하는 일이 그리 만만치가 않다. 상류층 사람들이나 권력자들은 품위 유지비로 지출하는 돈이 없지도 않지만, 그래도 품위는 역시 품위가 있어 돈 앞에서도 권력 앞에서도 품위를 잃지 않는다. 돈과 권력으로는 품위를 드러내지 못한다. 품위 있는 삶을 살기 위해서 가장 힘써 해야 할 일은 문화 예술을 가까이 하는 것이다. 전시장에서, 공연장에서, 발달한 기계 문명이 싸늘하게 식혀버린 우리네 가슴을 데워야 하는 것이다.

싸늘해진 가슴을 덥히기 위해서 찾아가는 전시장에도 지켜야 할 에티켓이 있다. 그런 에티켓을 지키지 않고 전시장에 드나드는 것은 그야말로 품위 없는 일이다. 전시장에서 지켜야 할 에티켓의 근본은 전시된 작품에 대해 경건한 마음을 갖는 것이 첫째다. 전시된 모든 작품에는 작가의 세상을 향한 메시지가 들어있고, 작가의 열정과 땀방울이 묻어 있다.

그런 작품 앞에서 구둣발로 작품의 어느 부분을 가리키는 사람도 있고, 무턱 대고 사진을 찍어대는 사람이 있는가 하면 시끄럽게 떠드는 사람, 심지어 휴대폰으로 통화를 하며 보는 사람도 없지 않다. 이건 품위 이전에 에티켓의 문제다. 에티켓은 누구라도 지켜야 하는 법에 가까운 것이고, 품위는 에티켓을 넘어서 있다. 작품 앞에서 경건한 태도를 취하지 않는 것은 무례한 일이다. 작품 만나는 것을 작가를 만나는 일과 같이 생각하면 좋다.

전시장 가는 에티켓으론, 전시 시간은 대체로 폐관 한 시간 전까지 입장할 수 있다. 따라서 그 시간 전에 가야 한다. 시간을 지키지 않고 가서 관리자들을 애 먹이는 일은 에티켓에 어긋난다. 복장은 편해도 되지만 신발은 소리 나지 않는 것이 좋다. 슬리퍼를 끌어서도 안 된다. 멋쟁이 아가씨가 하이힐을 신고 와서 똑똑 소리를 내는 것도 전시장에선 절대로 멋이 될 수 없다. 다른 사람의 감상을 방해하기 때문이다.

전시의 관람 순서는 특별히 없다. 작품을 감상하는데 일정한 거리를 두고, 보고 싶은 대로 돌아봐도 무방하다. 관람 동선이 있으면 그걸 따라 하는 게 무난하다. 우선 자유롭게 한 바퀴 돌아보고 관심 있는 작품을 다시 한 번 보는 게 좋다. 1~2분간 서서 전체와 부분을 살펴본다. 전시장에 큐레이터Curator나 도슨트Docent가 있다면 그들의 도움을 받아도 좋다. 큐레이터는 전시 기획 담당자고, 도슨트는 전시물을 설명해주는 자원봉사자다. 작품에 대한 배경을 알아두면 작품을 더 깊이 느낄 수 있다.

좀 더 구체적으로는 그림의 경우, 첫째, 화가가 무엇을 그렸는지 본다. 추상화의 경우 제목을 보고 유추할 수도 있다. 둘째. 무엇을 그렸는가를 알았다면 그것을 표현하기 위해 화면을 어떻게 구성했는지 본다. 셋째. 표현 기법을 본다.

작가들은 자신만의 독특한 기법이 있다. 이 정도의 상식만 가지고 전시장에 가면 당당하게 전시 작품들을 감상할 수 있다.

전시장 가서 작품 보는 것도 중요하지만 웬 만큼의 여유가 생기면 자기가 좋아하는 작품 한 점 소유할 수 있으면 참 좋다. 그것이 작가들을 후원하는 길이기도 하다. 아직 그럴 형편에 있지 않은 사람들은 그런 날을 꿈만 꾸고 살아도 품위를 다치는 일은 아니다.

문화 역류文化 逆流
혹은 역류 문화

세상사世上事는 늘 사람들이 바라는 대로 흘러가지 않는다. 그래서 '뜻과 같아라.'는 의미의 '여의如意'라는 말을 자주 쓰기도 한다. 옛날 엽전의 한 면은 '만수무강萬壽無疆', 또 다른 면은 '길상여의吉祥如意'라고 새기기도 했다. 어쩌면 뜻과 같지 않게 흘러가는 것이 더 많기 때문에 이런 말이 생겼을 것이다. 뜻에 맞게 흘러가는 것, 아주 정상적으로 흘러가는 것을 '순류順流'라 이르고, 제대로 흘러가지 않는 것, 혹은 거꾸로 흐르는 것을 '역류逆流'라고 한다.

아주 옛적부터 이 '역류'가 참 많았던가 보다. 이런 경우를 가리키는 말이 적지 않으니 말이다. 주인과 손〔客〕의 위치가 서로 뒤바뀐다는 뜻으로, 사물의 경중, 선후, 완급, 따위가 뒤바뀜을 주객전도主客顚倒라 했고, 그 비슷한 말로 객반위주客反爲主도 있다. 일의 앞뒤가 뒤바뀐다는 본말전도本末顚倒도 있고, 우리가 사는 땅만 아니라 지구촌 그 어느 곳에서나 정신적 가치가 물질적 가치에 전도되어 있는데 이 상황을 '가치전도현상價値顚倒現像'이라고 한다. 문화가 강조되는 것은 가치전도현상을 조금이라도 바로 세우자는 것이다.

프랑스 철학자 가브리엘 마르셀Gabriel Marcel 1889~1973은 '소유의 역전현상'에 주목하기도 했다. "나는 돈을 소유한다. 나는 소유주다. 돈은 소유물이다. 나는 소유의 주체요 돈은 소유의 객체다. 내가 돈을 소유한다는 것은 돈을 내 마음대로 관리하고 사용하고 지배하고 처분하는 것이다. 소유주가 소유물을 지배한다. 이것이 소유의 당연한 논리요 올바른 질서다. 그런데 소유의 역전현상이 일어난다. 내가 돈을 소유하는 것이 아니라 돈이 나를 소유하게 된다. 돈이

나를 지배하고 나를 사로잡고 나를 노예로 만든다. 소유물이 소유주를 지배한다. 이것이 소유의 비극이"라고 분석한 것이다. 그 누구도 부정할 수 없다.

문화에서도 역류 현상이 생긴 것이 어제 오늘 일이 아니다. 문화가 다음 세대로 이어지고 또 발전하는 것은 아버지 세대가 아들 세대에게 학습시킴으로써 이루어진다. 이것이 순류順流 문화다. 그런데 시대 변화의 속도가 급격하게 빨라짐에 따라 아버지와 아들이 동시에 새로운 시대를 맞이하게 되었다. 누가 더 빨리 새로운 패러다임에 적응하겠는가. 당연히 아들 세대다. 따라서 언제부턴가 아버지가 아들에게 인터넷 활용법이나 스마트폰의 작동법 등에 대해서 배워야만 하는 시대가 되어버린 것이다. 이것이 문화의 역류다.

이런 문화 역류 현상은 가치전도 현상과 함께 전통 사회의 아름다운 가치를 많이 훼손하고 있다. 윗세대에 대한 존경심이 옛날 보다 못한 것은 말할 것도 없고, 학교 사회에서도 교사나 교수가 학생들로부터 받는 대우가 전과 다르다. 권위가 줄어들었다. 권위가 판쳐서는 안 되지만 권위가 있어야 할 곳은 있어야 세상이 바로 선다. 가정에서도 가장의 권위가 서야 하고, 교육계에서는 스승의 권위가 확립되어 있어야 교육이 이루어질 수 있다.

앞으로 문화 역류 현상은 더욱 심해질 것이다. 세상이 변하는 속도가 더 빨라지고 어른 세대는 새로운 문화를 받아들이기가 더욱 어렵다. 그래서 하는 수 없이 아들이나 손자, 심지어 교사나 교수가 학생들에게 물어야 할 것들이 생기기 마련이다. 문화 예술계도 마찬가지다. 옛날엔 선배가 후배에게 가르칠 것이 많았지만 앞으론 그야말로 역류되어 후배에게 배워야 할 것이 더 많게 되어버릴지도 모른다. 문화 역류 혹은 역류 문화, 어느 한 개인이 어쩔 수 없는 일이다. 그러나 세대 간에 전도도 역류도 아닌 새로운 가치 정립이 필요하다. 그 대안이 '이것이다.'라고 말할 수 없어 답답하지만 말이다.

기침과 공연장

'기침'은 의학적으로 목이나 기관지의 점막이 자극을 받아 갑작스럽게 거친 숨과 함께 목구멍에서 큰소리가 터져 나오는 것을 가리킨다. 그래서 사람이 하고 싶을 때 하고, 해서는 안 될 때에 그칠 수 있는 것이 아니다. 오래전에 P. N. 오비디우스가 "사랑과 기침은 감출 수가 없다."고 설파했다. "기침에 재채기"라고 하여 일이 참 공교롭게 되었을 때를 가리키는 우리 속담이 있는데 클래식 공연장에서 기침이 바로 그렇다.

기침을 하지 말아야 할 곳에서 기침을 하게 되어 곤란한 경우를 경험하지 않은 사람은 드물 것이다. 개인적인 경우야 그것이 곤란함 그것으로 그칠 수도 있겠지만 이 기침이 크게 영향을 미치는 곳이 있다. 바로 클래식 공연장이 그런 곳. 기침은 공연에 정말 큰 영향을 준다. 기침하는 사람이 당황하는 것은 그렇다 치고, 많은 관객이나 특히 공연자들이 공연과 연주에 집중하는 것을 방해하게 된다.

휴대폰 꺼달라고 부탁하듯이 '기침을 하지 마십시오.'라고 해서 될 일도 아니고, 하지 않겠다고 해서 되는 일도 아니니 여간 성가신 게 아니다. 그래서 민원을 야기하기까지 한다. 그러니 공연장에서는 어떻게 하면 기침을 줄일 수 있을까 고심하지 않을 수 없다. 악장과 악장 사이에 누군가가 헛기침을 하게 되면 객석 여기저기서 기침 소리가 나고, 감기가 유행하는 계절이나 환절기가 되면 아주 심각해진다.

그런 사태를 방지하기 위하여 세계의 유명 공연장인 미국

카네기홀이나 스위스 루체른 페스티벌 홀 등에서는 로비에서 사탕을 나눠준다고 한다. 공연 중에 기침을 없애보자는 의도다. 사탕을 주면 기침 소리가 아주 없어지는 것은 아니겠지만 줄일 수는 있을 것이다. 그런데 사탕을 주면 사탕을 싼 봉지를 뜯는 소리가 또 만만치 않다고 한다. 그래서 사탕을 안 주면 기침 소리가 심하고, 사탕을 주면 봉지 뜯는 소리가 나는 것이다.

해결 방법은 사탕을 주되 봉지 뜯는 소리가 나지 않는 사탕을 주는 것. 서울 예술의 전당 콘서트홀이 그런 시도를 해서 주목하게 한다. 6월 초부터 봉지를 뜯어도 소리가 나지 않는 사탕을 준다고 한다. 공연의 질을 높이기 위한 이런 시도는 그야말로 바람직한 일이 아닐 수 없다. 독일제 엠 오이 칼 사탕이 종이 포장으로 바스락거리는 소리가 나지 않는다고 한다. 수요가 많으면 국산이 나오기도 하겠지만 아직은 없는 모양이다.

서울 예술의 전당은 한국 공연 문화의 1번지다. 여기에서 공연에 애쓰는 이런 정신들이 지역 공연장으로 확산되어야 한다. 사탕을 주는 것도 적지 않은 예산이 드는 모양인데 수입사로부터 1년간 하루에 1,100알 연간 6000만 원 어치를 협찬 받기로 했다니 만만찮은 돈이 든다. 그러나 돈 든다고 해서 하지 않아도 될 일은 아니다. 공연은 아주 예민한 것이다. 기침 소리나 사탕 봉지 뜯는 소리로 해서 좋은 공연이 방해를 받는다면 필수 예산으로 잡아야 한다. 해도 그만, 안 해도 그만인 일이 아니다.

서울에서는 그렇게 협찬이라도 할 곳이 있으니까 다행인데 지역은 그런 업체를 구하기도 쉽지 않을 터이니 더욱 걱정이다. 결국은 이렇게 사소한 것 같은 일들이 쌓이고 쌓여서 서울 공연과 지역 공연의 차이를 만드는 것이다. 지역 공연장에서는 기업의 협찬을 얻기 어렵기 때문에 아예 연초의 공연장 운영 예산에 포함시켜야 할 것이다. '웬 사탕 값이냐?'고 할지 모르지만 예술의 예민함을 이해시켜야 한다. 그것이 예술을 사랑하는 일이고, 예술인을 존중하는 일이다. 지역의 클래식 공연장에서도 기침 소리가 들리지 않도록 하는, 그리하여 훌륭한 공연을 즐길 수 있도록 공연 관계자들이 큰 관심을 기울여야 한다.

기차,
문화콘텐츠의 보고다

　　　　　기차는 콘텐츠한 콘텐츠다. 이런 문장이 성립하는 것은 영어의 콘텐츠Content가 여러 의미를 품고 있기 때문이다. 콘텐츠는 내용, 용량, 함유량, 부피 등의 의미를 갖기도 하지만, 만족시키다. 만족하다. 기꺼이, 찬성하는, 의 뜻도 갖고 있는 것이다. 기차하면 제일 먼저 연상되는 것이 여행이지만 이 연상을 이용해서 매우 다양한 콘텐츠로 활용할 수 있다.

　현대 문화 흐름의 한 양상을 OSMUOne Source Multi Use라고 말 할 수 있다. 이는 하나의 콘텐츠를 다양하게 활용하는 방법을 말한다. 지금은 기차를 오로지 교통수단으로만 이용하는 것은 시대 흐름을 제대로 읽는 것이 아니란 생각이 든다. 기차는 예술과 참 많은 관련이 있다. 소재로 워낙 많이 이용되었기 때문이다.

　우리나라 최초의 기차는 1899년 9월 19일 개통한 경인선이다. 경부선은 그로부터 5년 후인 1904년에 개통되었고, 4년 후인 1908년 최남선은 7.5조 창가의 효시가 되는 「경부철도가」를 신문관에서 간행한다. "우렁차게 토하는 기적

소리에/ 남대문을 등지고(서울역) 떠나 나가서/ 빨리 부는 바람 같은 형세니/ 날개 가진 새라도 못 따르겠네.// 늙은이와 젊은이가 섞여 앉았고/ 우리네와 외국인 같이 탔으나/ 내외 친소親疎 다 같이 익히 지내니/ 조그마한 한 세상 절로 이루었네."라고 노래했는데, 총 67절로 이루어졌다.

기차는 문학 작품 속에 참 많이 등장한다. 문학뿐만 아니라 음악, 그리고 영화에서도 소재로 선택되고 있다. 문학에서는 톨스토이의 많은 작품 속에서 연기를 폴폴 내며 시베리아 벌판을 횡단하는 기차가 자주 등장한다. 음악으로는 그리스 민요 아그네스 발차의 「기차는 8시에 떠나네」, 요한 스트라우스의 폴카 「관광열차」, 기차의 칙칙폭폭 소리를 묘사한 프랑스 작곡가 오네게르의 「태평양 231열차」 등이 있다. 영화는 이루 헤아릴 수 없이 많다.

기차가 이렇게 여러 예술 장르와 가까운 자리에 있는 것은 역이라는 매개가 있고 그 곳에서 새로운 만남과 이별이 있기 때문일까? 기차하면 설레는 마음 숨기기 어렵고, 기차하면 공연히 쓸쓸해지기도 한다. "사람이 그리우면 기차를 타라."고 외친 시인도 있지만 예술과 기차는 가까워질 수밖에 없겠다 싶기도 하다.

최근 우리 지역에서도 기차를 문화콘텐츠로 활용하고 있

다. '신의 물방울 프로젝트'라는 이름을 붙여 와인열차를 운행한 청도와 달성군의 사업이, 서울 사람들을 청도로 달성으로 부르는 좋은 콘텐츠가 되었다. 기차를 타고 가며 와인 한 잔, 참으로 낭만적인 일이 아닐 수 없다. 이런 말만 들어도 낭만을 실은 기차가 나를 태우러 오는 것으로 착각할 수 있겠다.

필자도 대구에서 부산광역시 기장까지 완행열차를 타고 가며 책을 읽는 이벤트를 벌인 적이 있다. '리딩 트레인 Reading Train'이라고 이름 붙여 18명이 함께 했다. 기차를 타고 가며 책을 읽고, 돌아올 때는 전세버스를 타고 오며 읽은 책에 대한 토론을 벌인 것이다. 기차를 타고 책을 읽는 분위기에 젖어보고 싶었던 것이다. 책 읽는 사회 분위기를 조성하고자 하는 의도가 전혀 없는 것은 아니었지만….

깊게 오는 감동은 절대로 요란스럽게 표현되지 않는다. 그런 감동을 느낄 수 있었다. 책을 보다가 잠시 눈을 들면 아름다운 산천이 펼쳐졌다. 책을 읽다가 산천을 읽다가 그렇게 눈길 옮기다 보니 시간이 언제 흘러버렸는지 모를 정도였다. 기차를 타고 가며 와인을 마시는, 그 얼마나 멋진 일인가! 그렇게 기차를 타고 가며 책을 읽으면 낭만과 함께 새로운 꿈을 꿀 수 있으리라. 그리하여 우리네 영혼의 근육

이 튼튼해질 것이다. 기차, 참으로 다양한 콘텐츠를 실을
수 있는 콘텐츠의 보고寶庫가 아닐 수 없음을 새삼 느낀다.

무대와
관객의 거리

그 어떤 공연이든 무대와 관객의 거리는
가까우면 가까울수록 좋다. 소극장에서 연극 공연이 이루
어지고, 또 관객이 소극장을 즐겨 찾는 것은 배우들의 땀방
울을 볼 수 있고 숨소리를 들을 수 있기 때문이다. 자리의
등급을 매기기 어려운 야외 공연장에서는 공연 때마다 앞
자리를 차지하기 위한 난장판이 벌어지기도 한다. 그걸 보
기가 민망스러울 때도 많다. 그것을 공연에 대한 애정 때문
이라고 봐주기는 쉽지 않다.

필자가 말하고자 하는 무대와 관객의 거리는 물리적 거리
가 아니라 심리적心理的 혹은 심미적審美的 거리다. 예술을 즐
기는 마음이, 공연에서 아름다움을 찾거나 느끼는 마음이
서로 멀지 않아야 한다는 것이다. 궁극적으로 무대와 관객
은 하나가 되어야 한다. 그리고 하나일 수 있다. 공연자는

관객을 위하여, 관객은 공연자를 위하여 서로 베풀어야 할 것이 있다. 공연자는 최선을 다 하고, 관객은 공연자가 기량을 충분히 발휘할 수 있는 분위기를 조성해 주는 것이다. 그렇게 하면 공연자도 관객도 행복해질 수 있다.

지난해 4월, 무대와 관객의 거리가 아주 좁혀진 공연을 볼 수 있었다. 대구 콘서트하우스 챔버홀에서 열린 제3회 라모아트컴퍼니 정기공연 「사월愛, 추억을 그리며, 사랑을 노래하며」가 그것. 아름다운 가곡을 멋진 성악가들이 들려주었다. 예술 감독의 초대 말에 "차가운 머리보다는 따뜻한 가슴으로"라는 말이 설레게 하기도 했지만 그날 무대에서 공연을 보여준 성악가들은 장하고 아름다웠다.

장하고 아름다웠다는 말을 망설이지 않고 하는 것은 내 스스로도 그렇게 생각하고 있었는데, 내 뒤쪽에서 성악가의 노래가 끝나고 박수를 치고 나서 다음 순서를 기다리는 그 짧은 시간에 '오늘 참, 행복하다.'고 하는 관객의 말을 들을 수 있었기 때문이다. 내 생각과 같은 사람도 있구나 싶어서 덩달아 행복해졌다. 관객을 행복하게 해주는 성악가라면 그들은 장하고 아름다운 것이 틀림없지 않은가.

그런 마음들이 공연이 다 끝나고 더 아름답게 승화되었다. 앙코르를 한 곡만 준비한 공연자들은 관객들의 끊이지 않은 박수를 뿌리치지 못했다. 여성 관객이 많음을 눈치챈 감독이 남성 성악가들만 앙코르를 하게 하는 재치를 보였는데, 준비하지 않은 남성 성악가들이 윤창을 하며 자기 차례를 몰라서 잠깐 일어난 헤프닝은 실수가 아니라 마치 연출된 것처럼 더 즐겁게 만들어 주었다.

무대와 관객의 심리적 거리가 가까우면 무대에서의 실수까지도 즐거움으로 바뀌고 관객들의 도 넘는 앙코르 요청도 공연자들을 한없이 기쁘게 만드는 것임을 생생하게 확인할 수 있었다. 이런 공연이 가능하게 하는 원동력은 어디 있을까? 공연장을 나와 봄밤을 걸으며 생각해 보았다. 몇 가지 이유가 떠오른다. 소박했다. 음악을 즐길 수 있게 했다. 공연자 중심 공연이 아닌 관객 중심 공연 기획이었다.

그날 밤, 「우먼라이프」 5월호가 와 있었다. 그야말로 그냥 펼쳤는데 공교롭게도 그 잡지에 라모아트컴퍼니 예술 감독의 인터뷰 기사가 실렸다. 봄밤에 가곡을 기획한 이유가 대중들을 클래식에 가까워지도록 하기 위해 징검다리를 놓는 것이었다. "가곡은 가사 안에 많은 것을 축약시켜 놓은 음악이에요, 오페라가 소설이라면 가곡은 시죠.", "음악을 하려면 음악만 해서는 안 된다.", "클래식은 어려운 음악이 아니고, 제대로 만든 음악"이라는 말들에 밑줄을 쫙 그었다. 이렇게 가곡을 통해서 클래식으로 제대로 안내하겠다는 진정성이 공연의 밑바탕에 깔려있으니 무대와 관객의 거리가 그렇게 가까워질 수 있었던 것이다.

예술인의 직업은
예술이 분명하다. 그런데…

　　　　　　미국 대학엔 참 부러운 전통 하나가 있다. 졸업식에서 국내외 저명인사를 초청, 축사를 하게 하는 것이 바로 그것이다. 초청된 명사들은 짧게는 20분, 길게는 한 시간 가량의 축사를 통해 자신의 경험을 토대로 인생 계획을 세우는 졸업생들에게 조언을 한다. 졸업식을 대학 시절의 진정한 마지막 수업이라고 부르는 이유가 여기에 있다. 우리는 졸업장 수여하고 총장, 동창회장 등의 축사가 고작이다. 그것도 나쁠 리 없지만 이른바 수업의 수준에는 이르지 못하는 경우가 많다.

　　2005년 스텐포드대 졸업식에 초대된 스티브 잡스는 "계속 갈망하라, 여전히 우직하게(Stay hungry, Stay foolish)"라는 말을 핵심으로 축사를 했고, 에릭 슈미트 구글 회장은 2012

년 보스턴대 졸업식에서 "친구 수가 아니라 우정이 중요하다.(Friendship, not friend)"는 명언을 남겨 인구에 회자되고 있다. 2008년 6월 하버드대 졸업식에 초대된 해리포터 작가 조엔. K. 롤링은 '실패의 미덕'을 들려주면서 졸업생들에게 용기를 주었다.

최근 뉴욕대학 졸업식의 축사가 화제가 되고 있다. 올해 72세의 할리우드 개성파 영화배우 로버트 드니로가 예술대 졸업식에 초청되었다. 축사에서 그는 "졸업생 여러분, 당신들은 해냈습니다. 그런데 여러분, 엿 됐어요." 이렇게 욕설 섞인 농담으로 말문을 열었다. 예술가의 인생은 변호사나 의사, 회계사 등의 안정적인 삶과는 다르다고 말하며 "화려한 졸업식이 끝나고 나면 여러분 앞에는 평생 거절당하는 새로운 인생의 문이 열릴 겁니다. 보통은 이것을 '현실 세계'라 부르죠."라며 축사를 이어갔다.

자신도 원하는 배역을 수 없이 거절당했다는 경험담을 털어놓으며, 예술인들에게 중요한 건 '열정'이라며 끊임없이 거절당해도 그다음이 있다는 희망이 중요하다는 메시지를 전했다. 드니로가 졸업하는 학생들에게 진정으로 하고 싶었던 말은 "현실을 직시하라."는 것이었다. 경륜으로 익혀 낸 진정성 있는 축사였다. 듣기 좋은 말만 하는 것이 축사가 아니라 길을 밝혀주는 것이 정말 축사다.

결국엔 "제가 강조하고 싶은 건 '다음에'입니다. 여러분은 다음에, 아니면 그다음에 원하는 것을 얻을 것입니다. 저는 여러분은 모두가 해낼 것이라고 믿습니다. 행운을 빕니다."로 끝맺었다. 자극적인 농담으로 시작한 축사가 진정성이 있고, 경험이 녹아 있어서 올해 최고의 졸업식 축사라는 찬사를 받으며 화제가 됐다. 대학의 마지막 수업으로 참으로 적절하다 싶다. 우리는 언제 이런 품격 있는 졸업식을 할수 있을는지, 드니로의 말마따나 '다음에'를 기대할 수밖에 없다. 정말 '다음에', '또 그다음에'라도 이런 일은 꼭 일어나야 한다. 그래야 우리가 품격 있는 나라의 문화 국민이 될수 있다. 졸업식 축사에서 농담을 할 수 있는 배짱 있는 명사도 나와야 한다.

그런데 미국이나 우리나라나 예술을 전공한 학생들이 취직하기가 매우 어렵다는 것이 문제다. 예술이 눈에 보이지 않지만 세상을 바꾸는 중요한 역할을 하는데 현실적으로 수용되는 곳이 드물다. 그래서 예술은 공공재가 되는 것이다. 국가와 사회가 예술과 예술인을 키워야 한다. 예술인의 직업은 예술이 분명하다. 돈과는 거리가 좀 있지만 자기가 하는 창작이 직업이 되는 것을 최상의 삶으로 생각한다. 꿈

이지만 예술로 성공하기만 하면 그 어느 직종도 따라올 수
없는 명예와 부를 누릴 수 있는 것도 예술이다.

필사筆寫의
뜨거운 바람

필사 열풍이 불고 있다. 필사筆寫가 무엇인
가? '책이나 문서 따위를 베끼어 쓰는 것'이다. 인쇄술이
발달하기 전은 베껴 쓴다는 것은 인류의 지식 전수의 유일
한 방법이었다. 그런데 이 속도의 시대에, 한없이 느려빠지
고 많은 시간이 걸리는 필사를 왜 하고 있단 말인가? 필요
하면 복사기에 걸어 '드르득' 소리 한 번 들으면 복사가 다
되는데 말이다. 그런데 그냥 그런 사람 몇이 있는 것이 아
니라 많은 사람들이 필사를 통해 행복을 찾고, 그런 사람들
이 늘다보니 필사를 위한 책 출판이 붐을 이룰 정도로 열풍
이 불고 있다는 것이다.

필사를 위한 책이 2010년 20종에 불과하던 것이 2015년
46종이 발간되었고 2016년 초에는 이 분야에서 베스트셀러
가 나오기까지 했다. 성경이나 불경 등도 필사 족들에게 인

기 있는 책이다. 굳이 필사를 위한 책만을 필사할 필요는 없을 것 같고, 자기가 좋아하는 책들을, 자기가 알고 싶은 것들을 담은 책이면 무엇이든 좋을 것이다.

이렇게 필사를 즐겨하는 사람이 늘어나니까 필사에 필요한 책도 책이지만 필기구와 공책도 그 판매량이 늘고 있다. 만년필 매출액이 전년 동기 대비 31%나 증가했다고 한다. 만년필 동호회 같은 데서는 한자리에 모여서 필사를 하기도 한다는데 그야말로 새로운 문화의 한 양상이 되고 있다. 필사가 재미와 치유를 겸할 수 있는 것이니까 이런 열풍은, 열풍에 그칠 것이 아니라 태풍이 된다고 해도 나무랄 사람 없다.

문화계에서 오랜만에 듣는 반가운 소리다. 너무나 빠른 속도로 지나가서 세상 한번 쳐다볼 겨를도 없는데 필기구로 공책에 책을 베껴 쓰다니 이 얼마나 오붓하고 아름다운 일인가. 앉은뱅이책상에 앉아 연필에 침 묻혀가며 숙제를 하던 먼 옛날이 참으로 그리워지기도 한다. 컴퓨터를 쓰지 않았을 때는 필사가 모두였지만 컴퓨터를 쓰기 시작하고는 필기구를 거의 쓰지 않았다. 작가나 시인 지망생들은 자기가 좋아하는 작가의 작품을 베껴 쓰는 것은 거의 기본적인 일이었다. 문장력을 기르기 위해서 하는 필사였다. 지금도 습작기의 작가지망생들이 이 길을 가고 있을 것이다.

그런데 이 시대에 불고 있는 필사바람은 이것과는 다른 차원이다. 시인 장석주는 필사를 "필사는 느린 꿈꾸기이고, 나를 돌아보는 성찰이며, 행복한 몽상이다."라고 했다. 필사를 하는 사람들이 말하는 필사의 이유는 그 어느 것 하나 고개를 끄덕거리게 하지 않는 것이 없다. "매일 저녁 필사를 하지 않으면 허전하다", "딱딱한 펜과 부드러운 종이의 질감이 손끝으로 전해지고 펜과 종이가 부딪쳐 사각거리는 소리를 듣는 것이 그리 행복하다.", 필사를 하면 "손 글씨를 쓰는 속도만큼 시간이 느려지는 것 같고 정서적으로 안정이 되는 느낌을 받는다."고 한다. 마음의 평화를 얻기 위해 필사를 시작했다는 사람은 "시공간이나 비용의 제약을 받지 않고 혼자 할 수 있는 취미"라고 강조했다.

이제 필사는 그 내용이 무엇이든 필사 그 자체가 하나의 취미가 되었고, 해독제가 되었다. 쓰는 만큼 느려지고 느려진 만큼 치유된다는 것이다. 최근 알파고와 이세돌 9단의 바둑 대결에서 이세돌 9단이 4:1로 패한 이후 알파고의 능력과 인간의 힘에 대해 생각해보지 않은 사람이 없었을 텐데, 이런 필사가 유행하는 걸 보면 인간은 참으로 인간일 수밖에 없다는 안도감이 들기도 한다. 찰리 채플린의 '위대한

독재자'에 나오는 대사 "우리에게는 기계보다 인류애가 더욱 절실하고, 지식보다는 친절과 관용이 더욱 필요합니다. 그렇지 않으면 인생은 비참해지고 결국 모든 것을 잃게 됩니다."란 말이 더욱 새롭게 들린다.

문화가 제시하는
소통의 길은?

갈등을
봉합하는 색

봄꽃이 흐드러지게 피어나고 있다. 노란 개나리를 비롯하여 하얀 목련과 벚꽃 그리고 붉은 진달래, 도시를 벗어나 산과 들을 바라보면 그야말로 생명이 움트고, 싹트고 꽃 피는 소리들로 와자지껄하다. 선거 때만 되면 도시의 거리들은 희고, 붉고, 푸른 옷들을 입고 국민을 잘 살게 하겠다고 하는 소리들로 시끌벅적하다. 자연에서 드러나는 색과 사람들이 사는 곳의 색깔이 같은 색이라도 참 많이 다르게 느껴진다.

자연이 때맞춰 피워내는 꽃의 색깔에서는 나도 모르게 놀람과 경이의 탄성이 튀어 나온다. 그렇지만 사람이 만들어 입은 선거 복장의 색깔에서는, 정치에 대한 실망 때문인가 무엇이라고 딱 꼬집어 말할 수는 없어도 짜증만 묻어나온다. 아무리 정치가 싫다고 해도 누군가는 정치를 하지 않으면 안 된다. 그래서 정치를 하겠다는 사람들을 보면 반가워야 할 텐데, 그렇지 못하니, 내가 잘못된 것이리니 생각하고 싶다.

　대한민국의 거리마다 정당이 선택한 색상의 옷을 입은 사람들이 넘쳐나고 있다. 저 색깔들은 무엇을 상징하고 있을까. 상징이 있기나 한가. 미국에 팬톤이라는 회사가 있다. 1963년 로렌스 허버트가 창립한 색채연구소이자 색상회사다. 생소한 것 같지만 수많은 색에 고유번호를 붙여 만든 '팬톤 컬러매칭시스템'으로 유명하다. 각종 시각예술 분야뿐만 아니라 디지털 기술, 건축 패션, 도로 등 산업 전반에서 표준 색채언어로서 사용되고 있다.

　이 팬톤이 2016년의 색으로 분홍색(로즈쿼츠·13-150-TCX)과 하늘색(세레니티·14-3919-TCX)이 섞인 조합을 발표했다. 2000년부터 매년 발표하는 올해의 색으로 두 가지 색상이 선택된 것은 처음이다. 그 이유를 "패션, 디자인 등 세계의 여러 분야에서 성의 구별이 모호해지고 있으며 이 경향은 색채에도 영향을 미친다."며 "성 평등, 성 다양성 등 사회적 변화와도 관련이 있다."고 발표했다.

　그럴뿐만 아니라 테러나 경제 위기를 직면한 불확실의 시대를 고려한 면도 있다고 한다. 분홍색은 따뜻하게 감싸안고, 하늘색은 안정적이며 침착한 느낌을 갖고 있다. 따뜻함과 침착함의 두 가지 색상을 융합한 것은 불안과 피로에 지친 사람들에게 공감과 휴식을 주고 갈등을 봉합한다는 의미를 갖고 있다.

팬톤이 2016년 올해의 색을 선정하며 고려한 모든 사항은 매우 새롭고 의미 있다. 새롭다고 하는 것은 지금까지 계속 한 가지 색을 선정하다가 올해는 두 가지를 선정했기 때문이다. 관례를 깨는 것은 결코 쉬운 일이 아니다. 의미 있다는 것은 우리나라만이 아니라 전 세계가 참으로 많은 갈등들을 겪고 있는데, 그 갈등을 봉합한다는 의미를 담고 있다고 하니, 색으로 인류 문제 해결을 꿈꾸고 있다니 놀랍기도 하다.

팬톤이라는 색상 회사 하나가 인류의 삶을 걱정하며 해마다 색을 선정하고 그 색에 시대 흐름을 담아내니까 믿음이 간다. 그런데 정치한다는 사람들이 모인 정당에서 자기들이 해야 할 일을 상징적으로 드러내는 색상은 좀체 신뢰가 가지 않으니 이 일을 어쩌면 좋은가. 감동이 와야 하는데 그렇지 못하다.

지금 대한민국 정당들이 내세운 모든 색깔들을 다 혼합하면 어떤 색깔이 될까? 밝고 아름다운 색이 될 것 같지는 않다. 국민들은 사는 일이 조금이라도 나아지고 숱한 갈등이 봉합되는 색이 창조되어야 하는데…. 국민이 원하는 색깔은 원색 옷을 입은 후보자들이 만들어내는 것이 아니라 아무래도 힘들게 사는 유권자들이 투표로 만들어야 할 것 같다.

예술에도
계절이 있다

우리가 입고 사는 옷에 계절이 있고, 우리가 먹는 음식에도 제철 음식이 있듯이 예술에도 제철이 있다. 다른 계절에 감상하는 것보다 그 계절에 맞추어 감상하면 감흥을 더 크게 받고, 더 큰 즐거움을 얻을 수 있는 것이 제철 예술이다. 실제 예술계에서도 계절이 바뀌면 그 변화하는 과정을 예술로 묘사하기에 적합한 것으로 인식되어 여러 장르에서 주제로 선택된다. 어느 계절에 어떤 예술을 감상해야 좋은가는 관심 가진 분야에 조금의 눈 품만 팔면 쉽게 알 수 있다.

여름엔 어떤 음악을 들으면 좋을까? 경험과 취향에 따라 다르겠지만 필자의 경우 여름 음악하면 떠오르는 것이 비발디의 「사계」 중 「여름」이 먼저다 그 외도 헨델의 수상 음악, 쇼팽의 「빗방울 행진곡」, 베토벤 「월광 소나타 1악장」 정도로 빈약한 목록을 갖고 있다. 클래식을 본격적으로 공부한 적이 없고, 그냥 자주 듣는 것으로 접근한 결과다. 그러나 이 정도라도 참 행복한 여름 시간을 가질 수 있다.

이탈리아 작곡가 안토니오 비발디가 1723년 작곡한 바이올린 협주곡 「사계」를 특별히 좋아하는 이유는 그 곡도 곡이지만 사계에는 작자를 알 수 없는(비발디 작사라는 설도 있음) 소네트가 계절마다 붙어있기 때문이다. 소네트는 유럽의 정형시로 단어 자체의 의미는 '작은 노래'라는 뜻이며, 13세기경까지 엄격한 형태를 갖춘 14행의 정형시다. 따라서 비발디의 사계는 음악이 시를 따뜻이 품은 것이다. 시인이 마땅히 좋아해야 할 음악이다.

「사계」는 각 계절마다 3악장으로 구성되어 있는데 빠른 악장들 사이에 느린 악장이 하나씩 끼어있다. 계절마다 붙어있는 소네트는 그것이 곡의 내용을 설명하고 있다. 따라서 음악을 들으며 그 이미지를 확연히 떠올릴 수 있게 해 준다. 그리고 그것은 인간이 만든 악기와 신의 예술품인 자연을 기막히게 연결시키고 있음을 청각으로 확인할 수 있게 한다. 바이올린으로 이렇게 계절을 표현할 수 있구나 놀라지 않을 수 없다.

여름 1악장의 소네트는 무더운 여름이 다가오면 타는 듯 뜨거운 태양 아래 사람도 양도 모두 지친다. 그러나 뻐꾹새와 산비둘기 같은 새들만 신들린 듯 시끄럽게 지저귄다. 그런데 느닷없이 북풍이 휘몰아치고 주위는 불안에 휩싸인다. 2악장의 소네트는 요란한 우레 소리와 겁을 먹은 양치기들도 어쩔 줄을 모르며, 제3악장 소네트는 하늘을 두 쪽으로 가르는 무서운 번갯불, 그 뒤를 우레 소리가 따르면 우박이 쏟아지고, 잘 익어가던 곡식이 회초리를 맞은 듯 쓰러진다.

이런 여름의 자연 현상을 솔로 바이올린이 뻐꾸기 울음소리와 산비둘기의 노래를 묘사하고, 북풍이 몰아치는 장면은 전체 합주로 강하게 연주한다. 바이올린 솔로는 슬픈 목동의 모습을 합주는 파리 떼들을 형상화하여 악기들이 가세해 천둥 장면을 묘사한다. 참 멋지다.

A. 단테는 "자연은 신의 예술"이라고 설파했다. 비발디의 사계는 신의 예술을 닮아가는 아니 자연을 닮아가는 예술, 음악이라고 느낀다. 가장 위대한 예술은 자연과 하나 되는 것이 아닌가 하는 생각을 하게 된다. 이런 생각은 예술가들에게만 유용한 것이 아니라 예술 향수자들에게도 계절에

맞는 예술을 즐기는 것이 좋다는 것을 알려준다.

제철 음식이 몸의 보약이라면 제철 예술도 정신의 보약이라는 것을 ….

여름을
여름답게 하는 것은?

여름을 여름답게 하는 것은 여러 가지가 있지만 그중에 으뜸은 아무래도 해바라기가 아닐까 싶다. 해바라기가 없으면 여름이 얼마나 미지근할까? 그래서인지 모르지만 우리나라에서도 여름이 오면 해바라기 축제를 여는 곳이 적지 않다. 태백, 고창, 함안, 강주, 안산 등에서 연다. 예술의 세계에서도 해바라기는 거의 모든 장르에서 소재로 선택되고 있다. 해바라기를 소재로 한 작품으로 많은 사람들이 기억할만한 미술 작품은 어떤 것이 있을까?

견해차가 있을 수도 있지만, 여름의 걸작으로 빈센트 반 고흐의 「해바라기」를 든다면 반대하는 사람이 비교적 적지 않을까 싶다. 태양의 꽃 해바라기는 형태가 둥글어 태양을 닮았고, 해바라기의 꽃잎은 태양의 색깔인 황금빛이다. 꽃이 자라는 동안에 태양을 따라 움직이고, 다 자란 후에도 태양만을 바라보는 독특한 특성을 가졌다.

이 태양을 좋아하는 해바라기를, 유난히 좋아했던 화가는 고흐다. 그는 태양을 숭배하기도 했고 질병과 가난 그리고 고독에 시달리면서도 해바라기를 그릴 때만은 작열하는 태양 같았다고 한다. 그가 37세의 아까운 나이로 세상을 떠났을 때 지인들이 관 위에 해바라기를 얹어줄 정도였다고 하니 그의 해바라기에 대한 사랑을 짐작할 수 있다. 태양의 화가라고 부르는 이유도 거기 있다. 따라서 후세 사람들이 고흐의 작품하면 먼저 해바라기를 떠올리게 되는 이유도 그의 해바라기에 대한 지독한 사랑 때문이라고 보아야 할 것이다.

고흐가 해바라기를 좋아하게 된 이유는 두 가지로 전해지고 있다. 하나는 여러 가지 직업으로 전전하다가 전도사가 되기 위해 신학교에서 공부를 했다. 그러나 결국 화가가 되기 위해 프랑스 파리로 건너가, 처음 임대한 집이 노란 해바라기로 가득했다고 한다. 그곳에서 살면서 해바라기를 좋아하게 되어 여러 점의 작품을 남겼다는 것이다.

다른 하나는 고흐의 아버지가 목사였다. 따라서 어려서부터 태양을 쫓아가듯이 인간도 하느님을 쫓아가야 한다는 교육을 받았다. 그래서 신앙심은 곧 해바라기라는 생각을 갖고 있었다. 그 이유가 여럿이라도 종교와 관련 있다는 것은 분명하다. 기독교에서 해바라기는 창조주인 신에게 헌신하는 삶을 상징하고 해바라기의 고향인 잉카 제국에서도 해바라기는 태양신을 의미한다.

고흐는 1888년 여름, 해바라기가 소재인 네 개의 정물화를 그렸다. 그의 해바라기 작품에 대한 해석은 다양하다. 해바라기를 그릴 때 꽃과 꽃병, 탁자 배경은 모두 노란색과 오렌지색으로 표현했고, 줄기와 잎만 다른 색으로 한 작품을 보고, 강렬한 노란색으로 예술에 헌신하겠다는 각오를 보여주었다고 해석하기도 한다. 서양미술 연구가 '시마다 노리오'는 꽃병을 노랗게 그린 것은 공동생활을 위해 마련한 집을 상징하고, 12송이는 그곳에서 같이 생활하던 화가의 숫자라고 해석했다. 14송이는 거기에 예수와 그림을 창조한 자신을 더한 숫자로 해석하기도 했다.

고흐의 해바라기는 정물화로 그렸지만 '열정'이 끓어오른다. 여름을 여름이게 하는 것도 열정이고, 이 계절에 우리가 익혀야 할 덕목도 열정이다. 해바라기는 그 성질이 어쩌면 자기 세계만 죽자고 바라보는 예술가와 닮았다고 해도 지나치지 않다. 태양의 작가 고흐는 죽음까지 강렬했다.

대작代作,
위작偽作 그리고 …

　　　미술계에 대작과 위작 그리고 일베의 작품 설치와 파괴 등 일련의 사건들은 국민들을 참 우울하게 한다. 예술이 이 세상에 존재해야 할 궁극적인 목표는 악惡과 추醜함을 추방하는 것인데, 그것과는 정반대로 예술계에서 악과 추함을 생산하고 있으니 참으로 안타깝지 않을 수 없다. 황금만능주의가 부르는 이 짝퉁의 세상, 어디서부터 잘못된 것인가 되돌아보고, 이런 세상을 어떻게 해야 끝낼 수 있을지 지혜를 모아야 할 때다.

　혼이 들어있지 않은 손재주로만 유명 작품을 위작하고, 그림을 대신 그리게 해서 그 작품으로 전시회를 열고 심지어는 판매까지 했다는 것은 참으로 있어서는 안 될 일이다. 뿐만 아니라 일베를 상징한 홍대 앞의 작품 파손도 걱정하지 않을 수 없는 일이다. 미술과 관련된 이런 일련의 사태들은 돈과 관련되기도 하고 명예와 관련되기도 하며 또한 사회적 이념과도 관련되는 것 같아 그 씁쓸함이 더 하다.

　미술 작품과 관련된 이 모든 사건들은 그림을 그림으로만 보지 않기 때문이다. 그림을 돈으로 보는 것이 가장 큰 이유

이기도 하지만, 그림을 통해 자기의 명예를 더 높이겠다는 허영, 혹은 집단이나 조직의 이익을 위한 일로 악용하려 하기 때문이다. 그림을 그야말로 예술품으로만 바라보면 그림 자체는 아름다움을 보여준다. 그 아름다움을 통하여 밝은 생각을 가질 수 있고 그 밝음으로 사회가 밝아지는 것이다. 그것이 미술품의 존재 가치다.

미술품이 졸부나 못난이들의 허영과 관련된 에피소드는 대단히 많다. 외국의 한 예를 들어보자. 영국의 어느 부호가 그림을 많이 사들였다. 그러나 그의 예술적 지식은 매우 유치했으므로 그의 허영심은 자연히 질보다 양으로 메워지고 있었다. 그는 항상 자기가 초대하는 손님들에게 제 딴에는 굉장한 가치가 있다고 생각되는 폭 넓은 갤러리를 보이곤 했다. 그날도 버나드 쇼를 비롯한 많은 손님들을 청해 놓고 그림 자랑에 열을 띠고 있었다.

"저는 이 그림을 어떤 공공기관에 몽땅 기증하고 싶습니다. 다만 어떤 복지 기관에 기증해야 좋을지 몰라서 망설이고 있을 뿐입니다." 그때 버나드 쇼가 입을 열었다. "아, 좋은 곳이 있습니다. 맹아 학교에 기증하십시오."라고 한 것이다. 대망신을 당했다. 버나드 쇼가 누구인가? 아일랜드의 극작가이면서 소설가이자 수필가, 비평가, 화가로 활동했다. 그는 1925년 「인간과 초인」으로 노벨문학상을 받기도 했고, 특히 "우물쭈물하다가 내 이럴 줄 알았다."라는 묘비명을 남겨 인구에 회자되는 사람이다.

미술품만이 아니다. 모든 예술 작품은 예술 작품 그 자체로 보아야 한다. 예술 작품에 작품 외에 그 무엇을 첨가하고, 감상 이외의 다른 목적을 추가시키면 추함이 되고 악이 되고 마는 것이다. 우리나라에서만 생기는 일은 아니지만 진정으로 문화 국가가 되려면 예술 작품을 믿을 수 있게 하는 것이 매우 중요하다. 예술 작품을 마음 놓고 거래할 수 있는 사회가 되어야 문화를 제대로 즐길 수 있지 않겠는가?

예술 작품을 감상하면서 이것이 진짜일까? 가짜일까를 생각해야 한다면 그건 정말 얼마나 슬픈 일인가? 이번의 연속적인 사건을 계기로 예술품에 대한 신뢰를 쌓을 수 있도록 하는 조치와 정책이 필요하다. 조치와 정책은 재발 방지이기도 하지만 예술품을 대하는 근본적인 생각들에 변화를 줄 수 있게 해야 할 것이다.

우리의 자랑스러운 문화유산인 고시조 무명씨의 작품, "내 가슴 슬어난 피로 님의 얼굴 그려내어/ 나 자는 방안에 족자 삼아 걸어두고/ 살뜰히 님 생각 날 제면 족자나 볼까 하노라."가 있는데 그림을 대하는 근본적인 태도가 이래야 하지 않겠는가?

클래식의 올림픽,
쇼팽 콩쿠르 1위

10월은 노벨상의 계절, 해마다 어김없이 10월 5일부터 12일 사이에 6개 분야의 수상자 발표가 있었지만 대한민국 사람의 이름은 없었다. 그런 실망감이 큰 가운데 예술계에서 참 좋은 소식이 전해져왔다. 노벨상과 관련된 절망감을 씻을 수 있어 참으로 다행이라고 하지 않을 수 없다. 우리가 뽑히지 않았을 뿐이지 실력이 없는 것은 아니야, 라고 위로할 만하다.

2015년 10월 18일부터 20일 사이에 폴란드 바르샤바에서 열린 제17회 국제 쇼팽 콩쿠르에서 대한민국의 피아니스트 조성진이 1위를 차지한 것이다. 참으로 엄청난 쾌거다. 쇼팽 콩쿠르는 퀸 엘리자베스, 차이코프스키 콩쿠르와 함께 세계 3대 콩쿠르로 손꼽히는 것으로 클래식 분야에서는 올림픽에 견주기도 한다. 쇼팽이 음악사에서 차지하는 비중이 큰 만큼 이 콩쿠르 역시 피아노 연주자들에겐 그야말로

꿈의 무대가 아닐 수 없는 콩쿠르다. 스포츠 스타들이 세계를 제패해서 국민들에게 용기를 주기도 하지만 클래식 음악으로 세계를 제패했다는 것은 또 다른 감흥에 젖게 한다.

이 콩쿠르는 쇼팽의 출생지 바르샤바에서 1927년에 시작되었다. 쇼팽 콩쿠르는 5년 주기로 열린다. 그래서 한 번 실패하면 다시 5년을 기다려야 한다. 그래서 클래식의 올림픽에 견주기도 하는 모양이다. 그리고 16세부터 30세까지의 젊은 연주자들만 참여할 수 있다. 참가자들은 쇼팽의 곡만으로 실력을 겨루고 본선에서 결선까지 약 3주가량 쇼팽의 음악에 집중해야 한다. 본선 1, 2, 3차 그리고 결선 참으로 피 말리는 대회가 아닐 수 없다.

국제대회이니만큼 실력도 실력이지만 실력 이외의 그 무엇도 작용하는 모양이다. 올림픽에서도 부정 심판의 예가 드러나기도 하지만 이 세계에서도 그런 것을 완전히 불식시키지는 못하는가 보다. 조성진의 경우 심사위원 중에 방해자가 있기도 했지만 최고 성적을 받아서 더욱 뿌듯한 느낌이 든다. 쇼팽 콩쿠르 협회가 심사위원들의 채점표를 공개했는데 심사위원 17명 중 2명이 최고점인 10점을 주었고 12명으로부터는 9점을 받기도 했다. 그런데 유독 프랑스 출신 심사위원 필리프 앙트르몽은 조성진에게 최저점인 1점을 주었고 결선에 앞선 본선 2차와 3차에서 다음 라운드 진출이 불가하다는 뜻의 'NO'를 연달아 주었다고 한다.

　그 이유에 대해서는 조성진의 스승과 이 심사위원의 사이가 좋지 않다느니 하는 소리들도 나돈다. 그럼에도 불구하고 1위를 해서 더욱 값지다고 하지 않을 수 없다. 클래식은 대중음악에 비해서 향수 층은 적어나 마니아들은 많은 특성을 갖고 있다.

　조성진의 쇼팽 콩쿠르 1위가 국내 클래식 대중화에도 크게 이바지할 것 같다.

　이를 계기로 해서 클래식에 관한 관심이 많이 높아지기를 기대한다. 국내에는 훌륭한 성악가, 연주자들이 많다. 훌륭한 실력을 갖추고 있음에도 불구하고 연주할 무대를 갖지 못하니 참으로 안타까운 일이다. 청년 실업이 심각한 상황이기도 하지만 예술가 실업은 더욱더 심각하다. 클래식에 대한 관심 증가가 예술가 실업을 줄이는 기회가 되었으면 좋겠다.

화해의 음악,
베토벤 교향곡 9번

연말에 많이 연주되는 클래식은 베토벤 교향곡 제9번이다. 이 곡이 연말 연주회의 단골 레퍼토리로 자리 잡은 이유는 제4악장 「환희의 송가Hymn der Freude」에서 메시아적 희망을 품은 합창이 있기 때문이다. 따라서 이 때문에 '합창 교향곡'으로 불리기도 한다. 베토벤 시대에는 교향곡에 성악을 사용하는 예가 거의 없었다고 한다. 그것은 그야말로 혁명적인 시도였다. 당시 몇몇 평론가들은 교향곡에 사람의 목소리를 넣은 것은 큰 실수라고 비난하기도 했다고 한다.

이 곡은 2003년 유네스코에 세계 음악 유산으로 등재될 만큼 세계인이 아끼는 음악이 되었다. 불후의 명작이 된 베토벤 교향곡 제9번은 원래 성악이 없는 4악장의 기악곡으로 만든 후에 10번 교향곡 전체에 성악을 넣는 독일 교향곡을 구상하였으나 갈등하다가 9번 4악장에 합창과 성악을 넣기로 결정하였다고 한다. 베토벤은 이 곡을 작곡할 당시 완전히 청력을 잃었으나 음악적 감각과 도전정신만으로 작곡하였다. 실러의 시 「환희의 송가」를 테마로 20여 년이나 구상하여 12년에 걸쳐 작곡하였다고 한다.

실러의 「환희의 송가」는 "오 벗들이여! 이 노래가 아닌, 더욱 즐거운, 그리고 기쁨에 넘치는 노래를 함께 부르자! 환희여! 아름다운 주의 빛, 낙원의 여인들이여, 정열에 넘치는 우리들은, 그대의 성소에 들어가리! 가혹한 세상이 갈라놓았던 것들을, 그대의 매력이 다시 결합하는 도다. 그대의 고요한 날개가 머무는 곳에서, 모든 사람들은 형제가 된다." (하략) 이 시가 바탕에 깔려 인류를 화해시키는 음악으로 불리기도 한다.

1824년 5월 7일 베토벤 교향곡 9번의 초연 때는, 영화와는 달리 베토벤은 이 초연에서 지휘를 하였다고 할 수 없다. 무대 위에서 악보의 페이지를 넘기면서 팔을 휘둘렀으나 악장인 미카엘 움라우프와 합창단 지휘자 슈판치히는 합창단과 오케스트라 단원들에게 절대로 작곡자에게 상관하지 말고 그들의 지휘를 따르라고 교육시켰다. 이는 귀가 안 들려 악단이 무엇을 연주하는지 감을 잡을 수 없었던 베토벤의 청력 때문이었다.

그에게 지휘를 하도록 한 것은 베토벤 음악의 위대함에 있지 않았을까 싶다. 그가 지휘를 하기 어려운 점을 알고 있었지만 그에게 초연 지휘의 영광을 안겨주고 싶었으리라.

그에 대한 존경심의 표현으로 말이다. 연주가 끝나고 우레와 같은 박수가 터져 나왔지만 베토벤은 그 소리마저 듣지 못했다. 보다 못한 알토 독창자가 베토벤을 돌려 세웠을 때 비로소 관중의 환호를 볼 수 있었다고 한다. 얼마나 감격스러웠을까!

시가 작곡의 바탕이 되어 음악이 되듯이 음악은 또 그림의 소재로 연결되기도 한다. 평화와 인류애를 감동적으로 전하는 베토벤 교향곡 9번, 그 명곡을 그림으로도 만날 수 있다. 구스타프 클림트의 「베토벤 프리즈, 환희의 송가」가 그것. 장미꽃이 만발한 천국의 정원에서 연인들이 포옹하면서 열정적으로 키스를 하고, 아름다운 여성 합창대가 연인들을 에워싸고 환희의 송가를 부르는 것이다. 아름다운 소리의 아니 음악의 그림이다.

실러의 시 「환희의 송가」 다음 연을 읽으면 클림트의 그림이 더욱 가까이 다가선다. "이 세상의 모든 존재는 태초의 환희를 가슴에 담고, 모든 선한 사람이나 악한 사람이나 장미 핀 환희의 오솔길을 간다. 환희는 우리들의 입맞춤과 포도주, 그리고 죽음조차 빼앗아 갈 수 없는 친구를 주고 땅을 기는 벌레조차도 기쁨은 있어, 천사는 신 앞에 선다."고 읊었다.

제2의
애국가는?

70주년 광복절에 즈음해서 여러 분야에서 돌아보고 내다보는 일들이 많았다. 돌아본다는 것은 앞으로의 길을 바르게 갈 수 있게 할 것이란 의미에서 좋은 일들이다. 정부도 광복절 전날을 임시 공휴일로 지정하기도 했고, 광복을 경축하는 일도 국가적 차원에서 대한민국 신바람 축제를 벌이기도 했다.

광복 70년, 대한민국의 변화는 너무나 큰 것이어서 말로는 그 표현이 불가능하다. 세계 최빈국에서 10대 경제대국으로 성장했고, 원조를 받던 나라에서 연간 2조3천억 원 (2014년 기준) 이상을 원조하는 나라가 되었다. GNP는 1953년 공식 통계가 잡힐 때 66달러였는데, 2014년 기준 28,180달러로 성장했다. 도저히 믿기지 않을 정도다. 3년간의 한국전쟁을 치르고 일어나서 올림픽, 월드컵 등을 개최하면서 세계 속의 대한민국이 되었다.

문화적으로도 K-POP을 비롯한 한류 열풍은 세계를 놀라게 했다. 뿐만 아니라 인물로도 세계 정치의 중심적인 일을 하는 유엔 사무총장, 세계 경제의 흐름을 주도하는 세계은행 총재 등이 한국인이라는 사실은 참으로 자랑스러운 일이 아닌가. 식민지에서 벗어나고 전쟁을 치른 국가가 이토록 빠른 성장을 할 수 있으리라고 짐작도 못했을 것이다. 아쉬운 게 있다면 일본도 중국도 다 탄 노벨 문학상을 타지 못한 것이 있을 뿐이다.

그런 여러 변화를 살펴보는데 KBS 라디오가 광복 70주년을 맞았을 때 '가슴으로 부르는 한국인의 노래'를 찾아 방송했다. 국민 패널 3천여 명을 대상으로 설문조사를 하여 우리 국민들이 한 뜻으로 함께 부르는 노래가 무엇인지를 찾아본 것이다. 어느 한 장르의 노래가 아니라 민요, 가곡, 가요, 동요 등 전 장르가 대상이었다. 제작진이 전문가의 자문을 거쳐 마련한 70곡의 후보곡을 뽑고, 그중에서 다섯 곡씩을 선택해서 선호도를 조사한 것이다.

1위는 어떤 노래일까? 우리 노래이기도 하지만 2012년 12월 5일 유네스코 인류무형유산이 된 「아리랑」이었다. 제2의 애국가인 셈이다. 2위가 예상치 못했던 노래인데, 「오 필승 코리아」, 3위가 88올림픽 주제가였던 「손에 손잡고」였다. 이어서 「아! 대한민국」, 「한국을 빛낸 100명의 위인들」, 「아름다운 강산」, 「우리의 소원」, 「고향의 봄」, 「돌아와요 부산항에」, 「상록수」 등이 10위권 안의 노래들이다.

10위권 안에 민요, 대중가요, 동요는 들어 있는데 가곡이 한 곡도 없다. 그것이 참 아쉽다. 노래가 시대를 담는 그릇이라고 말하기도 하는데, 그마저도 시대의 변화라고 하면 어쩔 수 없는 일이긴 하다. 그런데 우리 가곡을 'K-Classic'이라고 부르며, K-Pop과 함께 한류의 중심에 서서 세계를 향해 나아갈 수 있었다면 좋겠다는 마음이 커서 그런지 모르겠지만 참 아쉬운 마음은 숨길 수 없다.

우리 민족에게 1위의 「아리랑」을 덮을 노래는 없지만 2위, 3위곡도 우리나라에서 치러진 국제 스포츠 대회의 응원가나 주제곡이라는 점에서 상징적인 의미는 결코 적다할 수 없겠다. 2위곡이 담고 있는 대한민국의 응원, 3위곡이 담고 있는 세계 평화를 위한 한국인의 바람 등을 생각해보면 선정된 노래들이 광복 70년의 역사에서 나름대로 빛을 발하고 마음을 묶어주는 역할을 충분히 한 노래들이다. 광복 70주년 이후, 우리는 또 아리랑 고개를 넘고 넘어서, 서로가 서로를 응원하며, 손에 손을 잡아야 한다.

드라마
「태양의 후예」 신드롬

　　　　　　지구촌에 큰 반향을 불러일으킨 드라마가 있다. KBS 2TV 수목드라마 「태양의 후예」가 그것인데 '태양의 후예 신드롬Syndrome' 이라고 해도 조금도 지나치지 않다. 16부작이다. 한류의 원조가 드라마에서 출발되었다는 것은 알 만한 사람은 다 알고 있지만 그 한류가 K-팝을 비롯한 다른 장르로, 상품으로 인기를 얻으면서 그야말로 대한민국의 저력을 널리 홍보하고 있다.

　정치권은 국민들에게 정말 보이지 말아야 할 온갖 추태들을 다 보이고 있지만, 문화예술계는 제 갈 길을 가며 대한민국을 문화 강국으로 만들어가고 있다. 대한민국 정치판은 문화가 이렇게 중요한 역할을 하고 있는 데도 말로만 문화, 문화하면서 관심을 갖지 않는다. 관심을 갖지 않고 있다는 명백한 증거를 각 당의 비례대표 명단에서 볼 수 있다. 여든 야든 비례 대표 국회의원에 문화계 인사 한 사람 올리지 않았다.

　드라마 「태양의 후예」는 100% 사전 제작으로 드라마의 완성도를 높였고, 한·중 동시 방영, 방대한 스케일, 인기 스타 송중기와 송혜교의 출연 등으로 성공적이었다. 방송 첫 주 14%에서 3회 만에 23.4%, 16회에서 38.8%라는 경이적인 시청률을 보였다. 첫 방송부터 기대를 넘어섰고 중국, 일본을 비롯한 전 세계 30여 개국에 판권이 팔렸고, 30억 원의 PPL 매출 기록, OST도 2만 장이 넘는 판매량을 기록하는 등 놀랄 일이 계속적으로 일어났다. 16회 편성이 한없이 아쉽다는 방송 관계자의 말이 허투루 하는 말이 아니었다.

드라마의 필수 흥행 공식은 '단 1분도 지루해서는 안 된다.', '시청자들의 시선을 주인공 캐릭터에 꽂히게 만들어야 한다.', '다음 장면에 대한 궁금증을 유발해야 한다.'는 것인데 「태양의 후예」는 이 흥행 공식에 딱 들어맞는다고 한다. 그러나 드라마가 이처럼 폭발적인 인기를 얻고 있는 것은 이 시대의 거시적인 통찰에 있지 않을까. 이 시대가 무엇을 소중하게 여기는가, 아니면 소중히 여겨야 할 것을 반영한 것이라 보고 싶은 것이다.

따라서 원작에 관심을 갖지 않을 수가 없는데 「태양의 후예」원작은 지난 2011년 대한민국 스토리공모대전에서 우수상을 받은 김원석 작가의 「국경없는 의사회」라고 한다. 3년 후 2014년 서우식 바른손 대표가 김원석 작가와 함께 개발하던 대본을 스타작가 김은숙에게 모니터링을 요청하면서 스토리가 달라졌다. 김은숙이 기존 스토리에 멜로를 강화하면서 주인공을 의사에서 특전사 요원으로 변신시킨 것이라고 한다.

성공이 그냥 오는 것은 아닐 터 우여곡절이 있긴 했다. SBS에서는 편성을 거부했다고 전하는 매체도 있다. 촬영기간에 비가 오기도 하고 주인공이 다치기도 하는 등 나름 어려움도 많았던 모양이다. 「태양의 후예」 줄거리는 중앙아시아 가상 국가 우르크를 배경으로 전쟁과 질병으로 얼룩진 기상 이변 속에서 낯선 땅에 파병된 군인과 의사들을 통해 극한 상황 속에서도 사랑하고 연대하는 사람들의 전우애와 동기애를 담은 작품이다.

이 드라마가 성공 가도를 달렸던 것은 그 줄거리 속에 "이 시대에 돈의 가치를 소중히 여기되, 돈의 노예로 살기를 거부하며, 힘의 권위를 명예롭게 지키되, 부당한 힘에는 결코 굴복하지 않으며, 성공을 향해 전력을 다하되, 성공의 자리에는 더 큰 책임의 무게가 따름을 항상 명심하고, 다른 이의 즐거움에 크게 웃어줄 수 있고, 작은 아픔도 함께 울고 안아줄 수 있는 우리 마음속 진짜 영웅을 찾으며 그려진 드라마"라는 것을 알면 그냥 이는 신드롬이 아니라는 것을 알 수 있게 될 것이다.

여행주간

　　　　　문화체육관광부와 한국관광공사 및 정부 기관들이 5월 1일부터 14일까지를 여행주간으로 선포하고 떠나라고, 떠나라고 권하고 있다. 그렇지 않아도 좋은 계절, 신록의 유혹을 뿌리치기 힘든 판인데 정부가 나서서 중간에 끼인 평일을 임시공휴일로 지정하면서까지 떠나라고 하니 떠나지 않으면 안 될 것 같은, 여행이 국민의 의무도 아닌데 마음 편치 않을 지경이다.

　여행주간은 문화체육관광부에서 관광의 활성화와 내수시장 확대, 여름철에 집중된 휴가 분산 등을 위해 봄과 가을에 일정한 시기를 정해 관광을 장려하는 제도로 2014년 처음으로 시행되었다. 2015년까지는 관광주간이라고 하더니 2016년부턴 또 여행주간이라고 하면서 여행을 가기만하면 모든 게 다 잘 될 것 같다는 생각을 갖게 한다. 아무 걱정 말고 집을 떠나서 여행을 하며 돈을 쓰라고 한다.

　관광은 다른 지방이나 나라의 풍경, 풍물 따위를 구경하고 즐김의 의미를 갖는다. 관광이란 말은 원래 주역 '관괘觀卦의 관국지광 이용빈우왕觀國之光 移用賓于王 (왕의 손님으로 후한 예우를 받아 그 나라의 빛나는 문물을 살핀다.)' 라는 구절에서 온 말인데 '조선 시대에 과거를 보러 가는 길이나 그 과정을 이르는 말'인 한국 한자어 관광觀光은 같은 기원에서 온 말일 터이나 우리 사전에서는 한국 한자어의 형성 과정을 별개의 단어 형성 과정으로 보아 이 둘을 별개의 표제어로 가른 것이다.

여행은 자기가 사는 곳을 떠나 유람(아름다운 경치나 이름난 장소를 돌아다니며 구경함)을 목적으로 객지를 두루 돌아다닌다는 의미다. 문광부가 관광주간이라고 하던 것을 여행주간으로 바꾼 것은 어휘 사용의 측면에서는 잘한 일이다. 자기가 살던 곳을 떠나서 무엇을 보겠다는 의미가 강한 것이 관광이라면 자기가 살던 곳을 떠나서 자신을 돌아보는 시간을 갖는 것이 여행이라고 볼 수 있기 때문이다.

정부가 여행주간을 설정하는 목적도 어느 정도 이해가 가긴 가지만, 지나치게 권유하는 것은 정부가 할 일이 아니라는 생각이 든다. 우리는 지금 정말 전 국민이 여행이나 가서 흥청망청 돈이나 쓰면 되는가, 그리고 관계에서 그 말썽 많은 골프까지도 마음 편히 치게 해 주는 것들이 과연 적절한 일인가 싶은 생각을 버릴 수가 없기 때문이다. 북한은 계속 온갖 무기 실험으로 우리를 위협하고 있고, 총선을 끝낸 정치판도 안정되지 않았고, 해운과 조선업의 구조조정 운운

등 국민은 사실 불안한 면이 없지 않다.

그런데 정부가 나서서 국민들에게 여행이나 가라고 권유하고 있으니 어리둥절하기까지 한 것이다. 정부가 5월 6일을 임시공휴일로 지정하는 것은 여행주간 설정의 뜻에 맞추기 위해서지만, 여행주간 설정이 되어 있다면 연초에 그런 것이 결정되어야 하는 것 아닌가 싶다. 어떻게 해서 여행주간이 다 되어서 결정하고 발표하는가. 연초에 하면 국내여행은 안 가고 해외여행 간다고 그러는가? 그럴 리야 없지만 만약 그렇다면, 그야말로 꼼수다.

이런 사회적 분위기가 과연 바람직할까? 여행가기 싫어하는 사람은 없다. 여행가고 싶어도 이런저런 사정이 있어서 못 간다. 돈이 첫째일 수도 있지만 시간일 수도 있고, 가족들과의 관계 때문에도 그리 쉽지만은 않은 것이다. 학생들도 그런 분위기에 젖어 공부하기 싫어하면 어쩌나 싶고, 일하던 사람도 근로 의욕을 상실하게 하는 것 아닌가 싶다. 이런 걱정들, 일중독에 걸린 산업화시대를 살던 사람이라 그럴까? 정말 떠나기만 해도 괜찮을까?

태풍 이름,
왜 낭만적인가?

여름이 깊어간다. 4계절 중 가장 젊은 계절 여름, 그 여름이 가진 매력은 한두 가지가 아니다. 이제 우리에게도 많이 익숙해진 바캉스도 있고, 풍성한 여름 과일을 비롯해서 먹을거리도 푸지다. 그러나 여름이면 늘 우리를 불안하게 하고 힘들게 하는 것이 하나 있다. 바로 태풍이다. 자연 재해가 태풍뿐이 아니지만 계절에 관계없이 일어나는 지진을 제외하고는 가장 큰 피해를 준다.

태풍은 북태평양 남서부에서 발생하여 아시아 대륙 동부로 불어오는 폭풍우를 수반한 맹렬한 열대 저기압이다. 풍속은 초속 17.2미터 이상으로 중심에서 수십Km 떨어진 곳이 가장 크며 중심은 비교적 조용하다. 이 조용한 곳을 태풍의 눈이라고 부른다. 여름이 좋기는 하지만 태풍은 정말 두렵다. 2012년 기준 우리나라에 가장 큰 피해를 준 태풍은 2002년 8월의 루사다. 무려 5조1천497억 원 가량의 손실을 가져왔다.

7월 15일. 달력상으로는 그야말로 여름의 한복판이다. 6월에서 8월까지 3개월을 여름으로 치니까 여름 중의 여름이다. 그런 가운데 태풍 9호 찬홈의 영향을 받아 피해가 생겼고, 10호 태풍 린파는 약화되었지만, 11호 태풍 낭카가 이번 주에 또 관심 있게 지켜봐야 할 일이 되고 있다.

태풍은 이름을 갖고 있다. 태풍이 발생하면 일주일 이상 지속될 수 있으므로 동시에 같은 지역에 하나 이상의 태풍이 있을 수 있기 때문에 이때 발표되는 태풍 예보를 혼동하지 않도록 하기 위해서다. 현재 태풍의 이름은 태풍의 영향권에 있는 14개국에서 10개씩 제출한 140여 개의 이름을 번갈아 붙인다. 태풍에 이름을 처음 붙인 것은 호주의 기상 예보관들이었다. 그들은 태풍에 싫어하는 정치가 이름을 붙여 희화했다. 제2차 세계대전 이후에는 미 공군과 해군이 아내나 애인의 이름을 붙이기도 했다. 그래서 1978년까지 태풍의 이름은 모두 여자 이름이었으나 성차별이라는 여성운동가들의 주장이 제기되어 1979년 이후부터 남녀 이름을 골고루 부여했다.

북서태평양에서의 태풍 이름은 1999년까지 괌에 위치한 미국 합동경보센터에서 정한 이름을 사용했다. 그러나 2000년부터 모든 태풍에 회원국의 고유 언어로 만든 이름을 번갈아 쓰기로 했다. 태풍 위원회에서 아시아-태평양지역 국민들의 태풍에 대한 관심을 높이고 태풍 경계를 강화하기 위하여 서양식에서 태풍위원회 회원국의 고유한 이름으로 변경한 것이다.

우리나라가 제안해 선정된 태풍 이름은 개미, 제비, 나리, 너구리, 장미, 고니, 수달, 메기, 노루, 나비 등이다. 북한도 10개를 제안해 한글 이름이 20개가 되니까 태풍 이름에 우리 한글 이름이 많다. 그러나 태풍은 너무 많은 피해를 일으키면 그 이름이 퇴출된다. 한 예로 우리나라가 제안한 태풍 이름 '나비'는 2005년 9월 일본 큐슈에 상륙, 막대한 피해를 입혀 일본이 변경을 요청 '독수리'로 바뀌었다.

태풍 이름을 대체로 부드럽고 친숙하게 또 낭만적으로 짓는 것은, 피해를 적게 주고 빨리 사라지기를 바라는 마음을 담은 것이다.

과학,
어디까지 갈 것인가?

과학의 발달이 인간의 삶을 편리하게 해주는 것을 무조건 반기기만 해야 하는가 하는 의문이 들 때가 있다. 올더스 헉슬리의 『훌륭한 신세계』를 비롯한 디스

토피아 소설들이 과학이 지배하는 세상을 예견하기도 했지만, 과학의 발달이 어디까지 갈 것인가 하는 데 대한 두려움이 생기기도 한다. 컴퓨터와 프로 기사와의 바둑 대결에서 컴퓨터가 이겼다는 소식은 놀라움을 넘어 충격이 되면서 그런 생각을 더욱 많이 하게 했다.

과학 잡지인 「네이처」는 구글의 컴퓨터 바둑 프로그램 '알파고'가 영국 런던에서 중국 출신 프로 기사인 판후이 2단과 맞바둑으로 다섯 판을 둔 결과 모두 승리해 컴퓨터가 프로 기사를 이긴 기록을 세웠다고 밝혔다. 인간이 인간보다 더 강하고 지능이 높은 기계를 만들 수 있는 능력을 가진 것이다. 이를 반겨야 하나, 말아야 하나. 감이 잘 잡히지 않는다.

과학 발전의 속도로 보면 이런 날이 오리라는 것이 짐작되긴 했다. 1997년 IBM 슈퍼컴퓨터 '디퍼 블루'가 러시아인 체스 챔피언 가리 카스파로프를 꺾었을 때 바둑 도전도 예견되었다. 체스는 첫수를 주고받는 경우의 수가 400가지, 바둑은 12만9960가지. 체스와는 비교도 안 될 정도로 복잡하다. 바둑 한 판 경우의 수를 단순히 계산해도 700자리 수가 되어 계산이 불가능하다고 한다. 그렇게 복잡한 바둑을 컴퓨터가 이긴 것이다.

인류가 어떻게 발전해왔고 어디로 가고 있는가에 관한 책을 써 세계적인 베스트셀러가 되고 있는 유발 하라리의 『사피엔스』에도 놀라운 사실이 나온다. 인간의 불멸을 추구하는 길가메시 프로젝트, "몇몇 진지한 학자들은 2050년이 되면 일부 인류는 죽지 않을 것이라고 전망한다."고 쓰고 있다. 나노 공학자들이 나노 로봇으로 구성된 생체 공학적 면역계를 개발하면, 그 로봇들이 우리 몸속에 살면서 막힌 혈관을 뚫고, 바이러스와 세균과 싸우고 암세포를 제거하며 심지어 노화과정을 되돌릴 것이라고 한다.

과학의 발달이 결국은 인간을 위해 존재하기 때문에 인류의 멸망을 초래하는 발전으로는 나아가지 않을 것이라고 믿는다. 그리고 과학이 목표로 하는 그 모든 것들이 목표대로 이루어지지 않을 확률도 있는 것이고 보면 지나친 우려는 그야말로 금물이 될 수 있다고 위로 한다. 그러나 그것이 앞으로 긴 세월 동안 할 수 있을 자위는 아닐 것 같다. 인간의 존엄성을 지키기 위한 인문학적 견제가 필요한 시점이다.

인간이 인간의 미래를 모른다는 것, 지금까지는 인간의 일로 생각하지 않았다. 그러나 지금은 신의 영역까지 돌진하는 과학이 과연 어디까지 갈 것인지 모른다는 것은 불안한 일이되고 있다. W. 브라운이 "과학은 도덕적인 관념이 없으면 칼과 같다. 외과의사와 살인자. 그들이 같은 칼을 들고도 그것을 각각 다르게 사용하는 것을 보라."고 했다. 과학의 칼은 제발 외과의사에게 주어지기를….

누가 이겼는가?
또 누가 졌는가?

앞에서 '과학, 어디까지 갈 것인가?'라는 제목 아래 바둑 9단 이세돌과 알파고의 대국에 관해 언급하면서 과학은 어디까지나 인간의 통제 하에 있어야 한다는 생각을 피력한 바 있다. 그런 관점에서 이른바 세기의 대국을 지켜보는 마음은 대단히 착잡하지 않을 수 없었다. 내리 3연패를 당했을 때 아주 지는 것이 아닌가? 불안하기까지 했다. 다 지면 어떡하지 하는 걱정도 참 많이 했다.

대국 전부터 어느 쪽이 이기든 승자는 결국 인간이라고 말하기도 했다. 이세돌 9단이 인간이고, 인공지능의 개발도 인간이 하는 것이기 때문이다. 그래서 승자가 중요한 것이 아니라 앞으로의 세계가 어떻게 바뀔 것인가에 대한 짐작을 할 수 있게 하는 것이었다. 인공지능이 인간과 같아질 수 있는가 아니 인간보다 더 우수한 능력을 가지게 되어 인간이 위축되는 것 아닌가 하는 것이었다. 그래서 세계가 주목했던 것이다.

이번 대결을 보며 많은 사람들이 각기 다른 생각들을 했을 게 분명하다. 인공지능의 발달을 긍정적으로 바라보기도 했을 것이며, 그 반대로 생각하기도 했을 것이다. 더러는 두려움을 느끼기도 했을 것이며, 앞으로의 삶이 어떻게 달라질 것인가에 대해 우려와 기대를 가지기도 했을 것이다. 그러나 과학의 발달이 우리를 불행하게 만들지는 않을 것이란 것은 확실하다. 왜? 그 과학을 발전시키는 것은 기계가 아니고 사람이기 때문이다.

따라서 이 사건(?)적인 대국을 통해서 바뀌는 세계에 대한 관심을 가져야 한다는 사실만은 깨우쳐야겠다. 이미 로봇이 인간이 할 수 없는 일을 해 내고 있고, 사람이 하기 어려운 일을 척척 해내고 있다. 지금까지는 로봇이 그냥 기계로서만 존재했는데 인공지능이 탑재되면 인간과 비슷한 생각을 하고 감정을 나눌 수 있게 된다는 것이다. 이미 여러 분야에서 로봇이 상용화되었으니 인공지능의 상용화에 대비할 각오를 해야 한다.

마인드 스포츠로 분류되는 이 세기의 바둑 대결을 통해

대한민국이 크게 홍보되었다. 이세돌 기사가 전 인류를 대표해서 알파고와 대결을 했기 때문이다. 세기의 대국에 출전한 기사가, 대한민국의 이세돌 9단이었다는 사실은 매우 자랑스러운 일이 아닐 수 없다. 우리 국민 중의 한 사람이 인류의 대표가 되어 이렇게 지구촌의 주목을 받으며 당당하게 나서 본 적이 있었던가 돌아보면, 필자의 과문인지 모르지만 아마 처음이 아닐까 싶다.

이 세기적 대결의 진정한 승자가 과연 누군가? 스포츠적 해석으로는 이세돌 9단이 졌다. 그러나 이 세돌 9단이 보여준 것은 인공지능이 인간을 완전히 이길 수 없다는 사실을 증명해냈다. 그것이 우리는 반가운 것이다. 승리에 맞먹는 것이다. 인류의 실망을 달랜 것이다. 그 반가움의 크기가 우리 국민의 경우 월드컵 4강 진출보다 더 크다고 말하기도 한다. 따지고 보면 그 보다 더 큰 기쁨이라는 말이 지나치지 않을 것 같기도 하다. 단순히 스포츠 경기 이상의 인류적 의미가 있기 때문이다.

진정한 승자는 구글이라는 말도 나온다. 상상할 수 없는 홍보효과를 얻었기 때문이다. 구글, 딥마인드, 알파고를 이 이상 더 홍보해낼 방법이 어디에 있겠는가? 구글은 이기든 지든 무조건 홍보되는 것이고, 져도 그 한계를 극복해야 하는 과제를 발굴하는 것이 된다. 이세돌 9단도 스포츠에서야 졌다고 할 수밖에 없지만, 인류의 대표가 되는 게임을 했고, 이세돌과 바둑을 세계적으로 홍보하는 신나는 기회가 되었다. 이세돌과 알파고의 대결, 누가 이기고 누가 졌는가? 누구도 이기지 못했고 아무도 지지 않았다.

잘못된 사랑의 약도
사랑이다

『독일인의 사랑』을 쓴 F. M. 뮐러는 소설 속에서 "아무도 사랑하는 것을 가르쳐주는 사람은 없다. 사랑은 우리의 생명과 같이 날 때부터 가지고 태어나는 것"이라고 썼다. 그렇다. 사랑은 생명과 같은 것이다. 한 인간의 삶에서 사랑이 있느냐 없느냐에 따라 삶의 질이 달라진다는 것은 두말할 나위도 없다. 그리고 누구라도 사랑 속에 있길 바라고 사랑하며, 또 사랑 받으며 살 수 있기를 원한다.

경찰이 '연인 간 폭력 근절 TF' 팀을 구성, 집중 신고 기간을 운영했다. 경찰이 이런 신고 기간을 마련한 것은 아주 잘하는 일로 보인다. 신고 받은 결과 전국적으로 총 1천

279건의 신고가 접수되어 61명이 구속되는 등 총 868명이 입건됐다. 경북에선 50건이 접수돼 1명이 구속되고 36명이 입건되었으며, 7명이 수사 중이고, 대구에서도 47건이 접수돼 2명이 구속되고 47명이 입건되었다. 연인 간에 폭력이 이렇게나 많은가? 신고 건수도 건수지만 폭력의 양태도 '연인 간'이란 말을 무색케 한다.

경북에서 일어난 사건 중의 하나로 기억에 남는 것은 3년을 사귀어 온 여성을 여관방에 22시간이나 감금하면서 흉기로 위협했고, 27일에도 7시간 동안 입과 손을 포장용 테이프와 밧줄로 묶고 폭력을 휘둘렀다고 한다. 이렇게 엄청난 짓을 하게 된 동기가 어느 날부터 전화를 받지 않고 만나 주지 않은 데 앙심을 품은 것이라 한다. 이 연인(?)들은 남자가 54세, 여자는 60세라고 한다. 철부지도 아니고 참 어이없다.

대구에서 일어난 사건도 이에 못지않다. 48세의 남자가 분식집을 하는 40세의 여인과 수년간 사랑을 하다가 이별 통보를 받고 그녀의 경영하는 분식집을 차량으로 들이밀었다. 둔기를 들고 차에서 내려 뛰어들려 했으나 다행히 여인의 어머니가 있어 제지, 2차 범행으로 이어지지는 않았다. 3개월 전에 이별 통보를 했다는데 그간 수시로 찾아와 괴롭힌 것으로 드러났다. 안타까운 일이 아닐 수 없다.

연인 간의 폭력은 폭행 상해가 61.9%로 가장 많고, 체포 감금, 협박이 17.4%, 성폭력이 5.4%였다. 피해자는 여성이 92%, 남성이 4.1%정도다. 연령별로는 2~30대가 가장 많고 그 다음이 4~50대. 직업별로는 무직이 27.1%, 회사원 21.4%, 자영업자 10.9% 순으로 나타났으며 전과자가 58.9%를 차지했으며 이 중 9범 이상 상습범이 11.9%로 집계되었다. 전과자와 상습범이 이렇게 많다는 것은 교도 행정에 문제가 많은 것이 아닌가 하는 생각을 버릴 수 없게 한다.

사랑, 그 숭고한 사랑에 왜 이리 폭력이 난무하는가? 그 상황이 건마다 다를 것이다. 그러나 E. 프롬이 『사랑의 기술』에서 말한 것처럼, '대부분의 사람들은 사랑의 문제를 사랑한다는 문제, 즉 사랑할 수 있는 능력의 문제로 보기보다는 주로 사랑받는 문제로 파악하고 있' 기 때문이 아닐까 싶다. 남녀 간의 문제는 워낙 미묘한 것이라서 당사자 아닌 사람이 판단하기는 매우 어려운 일이지만 폭력은 어떤 경우든 용서될 수 없는 것이다.

연인 간의 폭력 사태는 사랑을 받는 것으로만 착각하고 있는 데서 생기는 경우가 많을 것 같다. 그러나 사랑은 절대 받기만 해서 이루어지는 것이 아니다. 그리고 많은 사람들이 알고 또 말하고 있는 것처럼 주는 것이 훨씬 더 행복한 일이다. 그런데 이 잘못되고 있는 사랑들을 어떻게 해야 고칠 수 있을까? 그 답은 H.D. 소로가 그의 『일기』에 오래 전에 써 두었다. "사랑을 고치는 약은 없다. 만약 있다면 더 사랑할 수밖에 없다."고….

축제의 계절

5월, 축제의 계절이다. 5월을 계절의 여왕이라고 부르는 것은 수사적으로 신선감이 떨어지지만 5월을 표현하는 데 있어서 이보다 더 많이 공감할 수 있는 말을 찾기가 쉽지도 않다. 어버이날을 비롯해서 어린이날, 부부의 날 등 가족과 관련되는 기념일이 많은 것도 5월이 사랑이 충만한 계절이기 때문일 것이다.

정비석은 『청춘산맥』에서 "5월! 오월은 푸른 하늘만 우러러보아도 가슴이 울렁거리는 희망의 계절이다. 오월은 피어나는 장미꽃만 바라보아도 이성이 왈칵 그리워지는 사랑의 계절이기도 하다. -중략- 하늘에 환희가 넘치고, 땅에는 푸른 정기가 새로운 5월! 오월에 부르는 노래는 그것이 아무리 슬픈 노래라도 사랑의 노래와 희망의 노래가 아니어서는 안 될 것이다. 오월에 꾸는 꿈은 그것이 아무리 고달픈 꿈이라도 사랑의 꿈이 아니어서는 안 될 것이다."라고 썼다.

이렇게 아름다운 계절에 펼쳐지는 축제는 또 어떤가? 지방정부나 전문 단체들에서 나름대로 어떻게 하면 지역민들이 즐거워할 수 있는 축제가 될 것인가를 고민, 고민하여 다양하게 프로그램을 만들어 개최하고 있다. 그런데 이 축제들이 목적하는 바가 너무 많아서 성공하기가 쉽지 않은 것 아닌가하는 생각이 들기도 한다. 축제를 통해 지역을 홍보해야겠다, 관광객을 불러 들여야겠다, 지역민들을 즐겁게 해야겠다는 것들이 보통의 바람들이다.

그러나 축제는 이런 다양한 목적을 버려야 성공할 수 있는 것이 아닐까 하는 생각이 들기도 한다. 오늘날의 축제는 농경시대의 명절, 그것의 다름 아니다. 농경시대의 명절은 이런 다양한 목적을 갖지 않았다. 달마다 명절을 맞으면서 축제를 생활화했다. 축제는 희망을 향한 강한 몸짓이기도 했다. 그리고 그 목적이 단순했다. 농사를 잘 되기를 바란다거나 무병을 기원한다거나 복잡하지 않았다. 그냥 오로지 즐기는 것에 목적이 있었다.

그런데 지금은 왜 그렇게 되지 않을까? 사람들의 욕심이 많아졌기 때문이다. 일은 적게 하고 많은 것을 얻으려 하기 때문이다. 그리고 옛날의 명절은 생활 속에 있었다. 그런데 지금의 축제는 생활 밖의 행사가 되었다. 생활 따로 축제 따로다. 그러면 길이 보인다. 쉽지 않지만 축제를 생활 속으로 끌어오면 된다. 무엇보다도 축제를 기획하는 곳이 책상머리가 아니라 삶의 현장이어야 한다.

함석헌 선생은 「생활에서 나타난 고민하는 모습」이란 글에서 "명절은 일종의 정신적 소성蘇盛이다. 묵은 시름, 묵은 찌끼, 묵은 빚, 묵은 때를 확 떨어버리고 한번 남녀노소, 빈부귀천, 재둔선악才鈍善惡의 모든 구별, 모든 차별을 없애고, 맨 사람에 돌아가 '한' 이 되어 펼 대로 펴고, 놀 대로 놀고, 즐길 대로 즐기고, 흥분할 대로 기껏 흥분해 보자는 것이다."라고 설파한 적이 있다.

명절을 즐기는 마음으로 축제를 즐길 수 있다면 축제는 모두 성공할 수 있을 것이다. 축제 성공의 여부가 외지 사람이 얼마나 많이 오고, 지역 상권에 얼마만한 이익을 창출했는가를 따질 것이 아니라 지역민들이 얼마나 진정으로 즐겼는가가 평가된다면 달라지지 않을까 생각된다. 모두를 위한 축제는 모두에서 출발되어야 한다. 모두에서 출발해야 한다는 것은 기획과정에 시민이 참여하고, 축제에 시민이 자발적으로 즐기는 길을 여는 것이다.

리우 올림픽 개막식과
축제의 의미

2016 하계 올림픽이 열린 브라질 리우 데 자네이루, 이 도시가 세계 3대 미항 중의 하나라는 사실 때문에 오래전부터 가 보고 싶은 곳 중의 하나로 꼽고 있지만 아직 가 보지는 못했다. 브라질은 이외에도 열대 우림 아마존, 이과수 폭포 등 볼만한 게 적지 않은 나라다. 문화적으로는 뭐니뭐니해도 삼바, 브라질은 삼바의 나라다. 삼바는 춤이고 노래이며, 브라질 문화의 핵이 아닌가 싶기도 하다. 그리고 또 축구, 펠레….

올림픽 개막식 중계를 통해서 보는 리우가 미항인 것은 확인하기 어렵지만 개막식은 화려하고 장엄했다. 브라질의 경제 위기로 개·폐막식 예산이 반 토막 났다고 했는데, 개회식 총감독 페르난두 메이렐리스가 그의 지혜를 쏟아 놓았다. 그는 영화 「시티 오브 갓」, 「눈 먼 자들의 도시」 감독으로 우리에게도 어느 정도 알려져 있는 인물이다. 그는 위기를 기회로 전환하여 가장 저렴한 예산으로 가장 브라질적인 개막식을 기획했다.

개막식은 생명, 환경, 평화의 메시지를 강조하면서 브라질의 전통 춤과 음악 예술 등 브라질의 문화 자산을 최대한 활용했다. '이파네마에서 온 소녀'의 선율을 따라 운동장을 가로질러 오는 브라질 출신의 세계적 수퍼 모델 지젤 번천의 워킹은 우아함이 어떤 것인가를 분명히 보여주었다. 브라질 문화의 중심이 되는 삼바 행렬의 역동적인 율동, 태양을 형상화한 키네틱 아트Kinetic Art의 성화 등등 브라질의 열정을 읽어낼 수 있었다.

'씨앗'을 주제로 자연 환경 파괴를 경고하는 메시지를 던진 것도 의미 있는 일이었다. 행사 입장객들에게 식물의 씨앗을 전달하고 '내일을 위한 나무 심기'의 정신을 강조한 것이나, 참가국 선수 입장 시 씨앗 봉투를 든 소년들이 따라 들어와 경기장 중앙의 '미러 타워'에 씨앗을 모으고, 이후 '선수의 숲'으로 조성할 예정이라니 멋지지 않은가. 브라질이 전 세계 산소의 20%를 공급, 지구의 허파로 불리는 밀림의 나라라는 것을 상기시키기도 한다.

필자가 주목하는 것은 저예산, 런던올림픽의 12분의 1,

베이징올림픽의 20분의 1 정도로 어떻게 주목 받는 개막식을 치를 수 있었을까에 있다. 그 이유는 두 가지, 첫째 개막식의 주제를 바로 잡은 것, 다음은 축제의 저력이다. 브라질에 삼바가 없었다면, 세계적 수퍼 모델이 없었다면 이런 개막식이 가능할까. 단언컨대 절대 아니다. 따라서 국가가 정책적으로 키우는 축제가 있어야 하고, 어느 분야서든 세계적 스타를 키워야 한다는 교훈을 준다. 대한민국에도 브라질의 삼바 카니발 같은 축제가 있으면 얼마나 좋겠는가. 각 지방자치단체도 각 지방 고유의 축제를 가지고 있으면 또 얼마나 좋을까. 지자체 실시 이후 축제가 양적으로 엄청나게 늘어났지만 특별히 주목받는 축제가 많지 않은 것은 실로 매우 안타까운 일이다. 축제는 세금으로 이루어지는 것이고, 납세자들이 세금내도 아깝지 않다는 축제, 한 해 한 번은 벌려야 한다. 축제로 스트레스 한번 날려주어야 하는 것이다.

그런 관점에서 우리 축제를 돌아보면 반성할 게 좀 있다. 우리는 축제에 지나치게 많은 의미를 담으려고 하지 않았는가? 축제는 단 하나의 목적, 오로지 즐기도록 하는 것으로 끝나야 한다. 그런데 우리는 많은 의미를 갖다 붙이고, 최근에는 축제와 상업성을 지나치게 연결시키려고 하니까 그 어느 쪽도 성공하지 못하는 것 아닌가 하는 생각이 든다.

따라서 우리도 이제 축제에 즐기는 것 이상의 의미를 담겠다고 더 이상 고집하지 말자. 그냥 즐길 수 있도록만 하자. 나라도 지자체도 축제를 돈 벌려고 해서는 안 된다. 축제는 돈 버는 곳이 아니라 써야 할 곳이다. 국민이, 시민이, 얼마나 신나게 즐기는 가에만 관심을 갖자. 품위를 잃는 것은 경계해야 하지만, 축제는 아무래도 일탈의 광장이 되어야 한다.

책, 새로운 세상을
어떻게 여는가?

노벨상, 예술분야에서
왜 문학상만 있을까?

　　　　　우리는 지금까지 노벨문학상에 대한 갈증을 해소하지 못했다. 우리에게 노벨 문학상이 간절한 것은 우리를 이웃한 일본에서는 가와바다 야스나리(1968년)와 오에 겐자부로(1994년)가 받았고, 중국에서도 모옌(莫言, 2012년)이 받았는데 우리만 수상자가 없기 때문이다. 다른 분야에서의 경쟁은 우리가 앞서기도 하는데 이 분야에선 왜 이런지 안타깝다.

　노벨상이 제정된 것은 신문의 오보에서 비롯되었다고 한다. 노벨은 프랑스에 체류하고 있던 1888년 어느 날 아침신문에 실린 자신의 부고 기사를 보게 된다. 기사의 제목은 "죽음의 상인, 죽다"였다. 기사는 "전보다 빨리 더 많은 사람들을 죽이는 방법을 개발(다이나마이트)해서 부자가 된 알프레드 노벨이 어제 사망했다"고 보도한 것이다. 그의 형인 루드비히 노벨이 죽은 것을 잘못 알고 쓴 것이었다. 분명한 오보였다.

그런데 노벨은 사람들이 자신의 죽음 보도를 보고 별로 슬퍼하지 않는다는 사실을 알게 된다. 오히려 속이 시원하다는 반응을 보이는 사람도 있었다. 그는 심한 충격을 받지 않을 수 없었다. 그 사건을 겪으며 노벨은 자신의 이름이 세상에 값지게 남기를 원하는 마음으로 노벨상 제정을 계획했다. 1895년 유언장을 작성해 자신의 재산 중에서 94%를 노벨재단에 기부하기로 하고 그의 재산을 바탕으로 노벨상이 제정된 것이다.

노벨상은 6개 분야로 나뉘어져 있다. 생리·의학상, 물리학상, 화학상, 문학상, 평화상, 경제학상이다. 그 중에서 특이한 점이 보이는 것은 예술의 여러 분야 중에서 오로지 문학상만 있다는 것이다. 그래서 문화의 시대라고 부르는 이 시대도 그렇지만, 문학상은 그 국가의 문화적 수준을 드러낸다는 점에서 그 어느 상보다도 의미가 있는 상이 되는 것이다. 예술의 여러 분야에서 문학상만 두는 것에 대한 명쾌한 답은 찾기 쉽지 않다.

노벨상은 잘 알려져 있듯이 알프레드 노벨이 지난해 인류에 가장 큰 공헌을 한 사람들에게 해마다 상을 주도록 명시한 유언장에 따라 노벨의 사망 5주기인 1901년 12월 10일부터 상을 수여하기 시작했다. 원래 5개 분야였지만 1969년 부터 경제학상이 추가되었다. 노벨이 유언장에 예술 분야 에서는 문학상만 썼다. 따라서 노벨은 예술 중에서 문학이 인류에 가장 큰 공헌을 할 수 있다고 생각한 것이, 예술 분 야에서 문학상만 두는 이유가 된다.

이런 이유가 노벨문학상에 대한 우리의 간절한 소망을 더 부추기는 이유가 되는 것인지 모른다. 그러나 받고 싶다 고 해서 받는 것이 아닌 이상 이제는 헛물켜지 말고 내실을 다져가는 수밖에 없다. 우리 문학의 수준이 세계에 알려지 지 않았을 뿐이지 수준이 낮은 것은 결코 아니다. 이제 차 분히 우리 문학의 번역 사업에 정부가 통 큰 지원을 해야 할 것이다. 노벨문학상만 받으면 투자한 만큼 덕도 얻을 수 있다.

2015 노벨문학상을 수상한 벨라루스의 여성작가 스베틀 라나 알렉시예비치, 그는 문학에서 새로운 장르를 창조한 것으로 평가 받는다. 전쟁에 관한 다큐를 작품으로 기록한 것이다. 노벨상 위원회는 그녀가 많은 목소리로 창작 활동 을 했고 우리 시대의 고통과 용기에 기념비를 세웠다는 것 이 수상자로 선정된 배경이라고 한다. 벨라루스라는 결코 크지 않은 나라, 그 나라를 부러워하지 않을 수 없다. 우리

나라에도 번역 소개된 『체르노빌의 목소리』를 읽으면서 그녀의 작품 세계를 엿보아야겠다.

'로봇'의 고향은
문학이다

바야흐로 '로봇Robot'의 시대가 빠르게 다가오고 있다. 인간이 일하는 많은 영역에 로봇이 투입되는 건 과학의 발달이라고 생각하면서 크게 놀라지 않았다. 그렇지만 생각하는 로봇, 이른바 인공지능 로봇은 우리를 놀라지 않을 수 없게 한다. 이미 알파고와의 바둑 대결에서 그 위력을 드러냈다. 로봇이 엄청난 속도로 발전하니까. 인간은 편리해서 좋겠다는 생각도 없지는 않지만 두려움을 느끼지 않을 수 없다.

'로봇'은 '인간과 유사한 모습과 기능을 가진 자동 기계'로 풀이된다. 이 로봇의 고향은 어디인가? 로봇의 고향은 문학이다. 지금부터 꼭 96년 전 체코슬로바키아의 작가 카렐 차페크Karel Capek가 1920년 발간한 『R.U.R Rossum's Universal Robots』이라는 희곡에서 출생 신고를 했다. 로봇의

어원이 체코어의 노동을 의미하는 단어 '로보타Robota'인
만큼, 로봇의 역할은 인간의 노동을 대신 수행하는 데서 찾
을 수 있다.

차페크는 1890년 오스트리아·헝가리 제국, 말레 스바토
뇨비체에서 태어나 1938년 체코슬로바키아 프라하에서 48
세를 일기로 작고했다. 프라하에서 철학 학부를 마치고 베
를린과 파리 등에서 철학 석사 학위를 받고, 문학의 전 영역
에서 활동했다. 소설 『도룡뇽과의 전쟁』, '로봇'이라는 단
어를 최초로 도입한 희곡 『R.U.R』을 통해 SF 작가로 많이
알려졌다.

『R.U.R』은 유토피아적인 희곡이다. 이 작품에서 '로봇'은
현대 기술 문명의 비인간화 위협을 상징하고 있다. 로봇은
권력을 잡고 인간을 말살한다. 그러나 로봇은 생식이 불가
능하였는데, 기적이 일어나서 두 로봇이 사랑을 하게 된다
는 이야기다. 기계문명의 위협 속에서도 인간은 살아남을
것이라는 낙관적인 결론을 내리고 있다. 이후 『R.U.R』의 속
편으로 로봇이 파괴해 놓은 세계를 제거하는 인간을 그린
『창조자 아담(1927)』도 썼다.

'로봇'이라는 용어를 처음 만들면서 카렐 차페크는 로봇
을 거의 인간에 가깝게 설계했다. 그 어떤 영역보다도 미묘

하고 섬세한 감정이 필요한 연애하는 로봇을 만든 것이다. 이렇게 로봇은 진화의 무한한 가능성을 갖고 있다. 희곡 속에서도 로봇이 사랑하는 일은 기적이 일어난 것이라고 하긴 했지만, 어떻게 처음부터 연애하는 로봇을 생각할 수 있었는지 작가의 상상력이 끝닿을 데가 없는 듯하다.

'로봇'의 고향이 문학의 희곡이라는 사실은 암시하는 바가 많다. 오늘날 우리가 누리고 있는 인간의 이기들이 문학의 상상력에서 출발된 것이 한두 가지가 아니다. 그렇지만 로봇은 지금까지의 그 어떤 변화보다도 크고 근원적인 변화를 초래할 것이라는 점에서 주목하지 않을 수 없다. 세계가 과학과 자본에 눈멀어 세상을 삭막하게 만들고 있는 가운데, 예술 특히 문학적 상상력의 중요성을 새롭게 인식해야 한다는 사실을 분명히 해 준다.

문학은 잡담놀이나 하는 것이 아니다. 작가의 상상력이 우리의 미래가 된다는 사실을 참 많이도 경험하고 있음에도 불구하고, 문학에 관한 인류의 관심이 줄어드는 것은 그 이유가 어디 있는지 알기 어렵다. 새로운 세기에 들어와서 이러한 점에 대한 반성이 일어나 인문학의 중요성을 강조하니까 인문학을 여기 찍어 붙이고 저기 찍어 붙여, 인문학 아닌 것이 없는 얄궂은 세상을 만들어 놓고 있기도 하다. 이 또한 냉정히 돌아볼 일.

문학은 인문학의 중심이고 인류의 꿈이다. 그 꿈 하나가 차페크의 로봇처럼 수십억 인류의 밥이 될 수도 있다. 문학은 인간의 삶에서 무엇이 중요한가를 가르쳐준다. 이 세상에서 가장 중요한 것은 돈이 아니고 사람이다. 이것이 문학의 출발이고 또 가 닿아야 할 종착지다. 그런 문학은 책에 있다. 책으로 세상을 알아가야 한다.

삼국유사와 진달래꽃을
국민 필독서로

인터넷 검색을 하다가 '책을 덮으면 니 인생도 덮힌다.'라는 글을 만났다. 이 짧은 문장에 사투리도 있고 맞춤법도 틀려서 개운한 맛은 아니지만 사투리와 틀린 맞춤법이 전하는 힘이 예사롭지 않다. '책을 덮으면 네 인생도 덮인다.'가 맞는 표기다. 그런데 어떻게 표준어로 맞춤법에 맞게 쓰니까 그 의미가 앞의 것보다 못한 것 같다. 독서에 관한 격언들이 하도 많아서 신선한 맛은 없어도 '그래' 하고 고개 한 번 꺼덕거릴 만은 하다.

같은 날 오후에 서점에 들렀다가 일본의 공부 전문가로 불리는 사이토 다카시가 쓴 『독서는 절대 나를 배신하지 않는다』라는 책도 만났다. 책 제목이 하도 자신 있게 보여 한 권 사서 두어 시간 만에 다 읽었다. 독서의 중요성에 대한 경각심을 다시 불러 일으켜주는 책이었다. 책 제목과 책의 마지막 항목 "책을 읽는 한 좌절하거나 실패할 일은 없다."란 말은 상당한 격려를 주기도 해서 기억하고 싶은 말이었다.

우리 문화계에서도 두 권의 책이 화제가 된 적이 있다. 그야말로 귀하고 귀한 국보급 책들인데 이 책들이 경매에 나와 여러 기록들을 갈아 치우고 있기 때문이다. 하나는 김소월이 생전에 낸 유일한 시집인 『진달래꽃』 초판본이 경매에 나온 것. 지금까지 한국 시집 가운데 경매시장에서 최고액으로 낙찰된 것은 백석 시집 『사슴』으로 2014년 11월 코베이에서 7천만 원에 팔렸는데, 『진달래꽃』은 2015년 12월 경매 시작가 9천만 원으로 시작, 1억3천5백만 원에 낙찰되었다. 경매사의 평가액은 2억 원이었다. 경매가 시작 9천만 원은 한국현대문학 사상 단일 시집은 물론 단행본 통틀어 최고액이라 한다.

경매에 나왔던 책은 1925년 12월 26일 매문사에서 발행

된 것으로 16부로 나뉘어 127편의 작품이 실렸다. 시집 『진달래꽃』은 총판매소에 따라 중앙서림 총판본과 한성도서주식회사 총판본으로 나뉘는데 이 책은 중앙서림 총판본이다. 지난 2011년 2월 문화재청 고시 제 2011-61호로 고시된 등록문화재 4책과 동일한 판본으로 국내에 5권 가량밖에 남아있지 않은 극희귀본이다.

또 다른 하나는 『삼국사기』와 함께 고대사적의 쌍벽으로 불리는 고려 후기 일연 스님의 『삼국유사』 권2가 경매장에 나온 것. 문화예술품 경매회사 코베이는 20일 제193회 현장경매에서 『삼국유사』 권2 「기이」편이 출품된다고 밝혔다. 『삼국유사』 권2는 전체 49장 가운데 48장은 원판에서 인출됐으며 나머지 한 장은 필사 보정되어 있지만 이미 보물로 지정돼 있는 성암고서박물관장본보다 보존 상태가 양호하다고 한다.

경매사 측도 그 값을 측정하기가 어려운지 평가액을 3억 원에서 5억 원대로 폭 넓게 추정하고 있는데 경매 시작가는 3억5천만 원으로 책정했다. 경매가가 이렇게 엄청난 책들, 그 내용은 초등학교에서부터 우리 국민들이 많이 읽고 배우고 했던 책들이다. 그러나 이렇게 국민적인 관심을 받고 있을 때 다시 한 번 김소월의 시를 읽고, 『삼국유사』를 통해 우리 역사의 향훈을 느껴봤으면 한다.

엄청난 경매가를 보고 주눅들 것이 아니라, 출판된 책들을 제대로 읽는 것이 우리가 할 일이다. 한 권은 역사책이고 또 한 권은 우리말 시집이라 그 의미가 특별하다. 우리 역사, 우리 얼을 다룬 책들이라 이 책들을 국민 필독서로 정했으면 좋겠다. 우리 역사를 알고 우리 정서를 아는 것이 국민의 도리이기도 하니까 말이다. 그런 면에서 이 책들은 앞에서 인용한 책 제목처럼 절대 우리를 배신하지 않을 것이다.

책이
문화인을 만든다

우리 삶에서 '책을 읽자'는 외침은 대단히 중요한 일이지만, 그리 중하게 여기지 않는 일 중의 하나다. 공기가 없으면 당장 숨을 쉬지 못하고 우리의 목숨을 잃을 수 있지만 공기의 소중함을 모르고 살듯이, 책이 우리 문화의 핵이다. 책을 제쳐 두고 문화생활을 하겠다는 것은 문화의 뿌리를 모르고 겉만 아는 것이다. 진정한 문화생활은 책으로부터 출발되어야 한다는 사실은 아무리 강조되어도 지나치지 않다.

문명의 발달은 인간이 사고할 기회를 많이 빼앗아 갔다. 라디오를 듣다가 TV를 보게 됨으로써 사고할 기회를 빼앗기고, 최근에 와서는 스마트 폰이 우리의 소중한 사고 기회를 다 빼앗아가고 심지어 대화의 시간까지 다 빼앗아 가 버렸다. 온 천지에 사색은 사라지고 검색만 난무하는 것이다. 스마트 폰을 통해서 e-북을 읽는 사람도 있겠지만 전철에서 이제 신문 보는 사람도 찾기 어려울 정도로 스마트 폰만 본다.

모처럼 KTX를 타고 서울에 갈 일이 생겼다. 차를 타다가 전에는 보지 못했던 것을 보게 됐다. 'KTX 미니 도서관' 이다. 열차와 열차 사이의 공간에 책을 꽂아놓고 승객들이 볼 수 있도록 한 것이다. 참 좋은 시책이다 싶어 책을 살피다가 한 권을 집어 들었다. 정확히 191쪽의 책이었는데 대구에서 서울까지 가는 시간에 다 읽을 수 있는 분량의 책이었다. 서울역에 내릴 때 도서관에서 나오는 듯한 느낌을 받았고 기분이 썩 괜찮았다.

그런데 불만이 없지도 않았다. KTX가 미니도서관을 만들면서 이왕 좋은 아이디어로 하는 사업이니까 좀 더 신경 썼으면 좋겠다는 것이다. 첫째로 좋은 책을 준비해야 한다는 것이다. 좋은 책의 기준이 사람마다 다를 수 있겠지만 그냥 심심풀이 땅콩이 아니라 재미있으면서 느끼는 게 있도록 하는 책 말이다. 요즘 강조되고 있는 인문학 그중에서도 우리 역사와 관련된 것이라든지 열차니까 열차와 관련된 책들이라든지 찾으면 좋은 분야가 있을 것이다.

둘째로 열차를 타고 가는 시간이 최소 30분 정도에서 4시간 정도라고 본다면 열차를 타고 가는 시간 안에 읽을 수 있도록 하는 배려가 부족하다. 이 생각을 하게 된 것은 내가 읽은 책은 200쪽이 채 안 되는 책인데 이 보다 더 두꺼운 책이면 다 읽지 못하고 내리게 된다. "마음의 양식은 가져가시고 책은 KTX 미니 도서관에 돌려주세요."라고 인쇄해서 책 표지를 둘러놓았지만, 읽다가 다 못 읽으면 가져갈 수도 있겠다 싶기도 하다.

어쨌든 이 시책은 괜찮았다. 책을 읽게 하는데 가장 중요한 것은 책이 가까이 있어야 한다는 것이다. 정말 책을 많이 읽는 사람은 언제 어디서든 책을 읽을 준비가 되어 있다. 몸에 책을 지니고 다니는 것이다. 책을 읽을 수 있는 짧은 시간을 놓치지 않기 위해서다. 두껍거나 무거운 책을 들고 다니느냐고 물을 수도 있겠지만 조금만 책에 관심을 가지면 불편하지 않게 아니 멋스럽게 휴대하기 좋은 책도 얼마든지 있다.

책을 많이 읽자고 주장하는 것은, 주장하는 사람의 입장에서 보면 쑥스러운 일이다. 도대체 책은 얼마나 읽어야 하는가. 먹는 것은 일정량을 먹으면 먹을 수 없는 상황이 오는데 책은 그렇지 않으니 어느 정도라야 좋은지 알 수가 없다. 그러나 분명한 것은 많이 읽으면 읽을수록 좋다. 그야말로 다다익선多多益善이다. 그래서 책을 많이 읽으란 말은 어려서부터 죽을 때까지 들어야 하는 잔소리가 되고 말았다. 문화를 제대로 알고 문화를 제대로 즐기려면 책부터 읽어야 한다. 책이 문화인을 만든다. 어떻게? 라고 묻지 말고 읽기만 하면 된다.

책으로
돈 버는 스타

미국 경제 전문지 「포브스Forbes」가 2015년 7월부터 2016년 6월까지 전 세계에서 1년 동안 가장 많은 돈을 번 스타 100명을 집계 발표했다. 이 글의 다음 부분을 읽지 말고 잠시 눈을 감고 생각해 보시라. 누구일까? 짐작할 수도 없다면, 어떤 분야일까? 라도 생각해 보시라. 누구인지는 몰라도 어느 분야인가는 짐작할 수 있을 텐데, 많은 사람들이, 가수, 영화배우, 스포츠 스타들을 떠올리지 않겠는가? 그랬다. 그중의 하나였다.

1년 동안 가장 많은 돈을 번 스타는 미국 가수 테일러 스위프트Taylor Swift다. 27세. 인기곡 「1989」의 월드 투어 콘서트 성공에 힘입은 것이라고 한다. 얼마나 될까? 1억7천만 달러, 한화로 1950억 원. 2위는 영국 아이돌 그룹, 원 디렉션One Direction, 4인조 그룹, 91년에서 94년 사이에 태어난 젊은이들, 1억1천만 달러, 나이트 첸지Night Change라는 히트곡이 있다. 우리나라에서 100대 스타에 들어간 사람은 빅뱅 Big Bang, 순위로 54위, 4천4백만 달러가 된다.

참 대단한 젊은이들이다. 이 글은 1위와 2위를 말하고자 쓰는 것이 아니다. 필자의 관심은 3위와 4위에 있다. 3위는 미국 베스트셀러 작가 제임스 패터슨James Patterson, 1947년생, 수입 9천5백만 달러. 광고 카피라이터 출신의 소설가. 그는 현재 지구상에 존재하는 작가 중에 가장 책을 많이 파는 작가다. 어느 정도냐 하면 미국에서 판매되는 책 17권 중에 1권은 그의 것이라고 한다. 책을 팔아서 돈 잘 버는 스타 100인의 3위에 올랐다는 것, 우리를 놀라게 하고도 남을 일 아닌가.

우리나라에서도 『시간의 침묵』, 『키스 더 걸』, 『미드 나이트클럽』 등 많은 책이 번역되었다. 그의 『시간의 침묵』은 필자가 본 것이 1993년 7월 초판, 1993년 10월 6쇄 발행이니까 꽤 판매가 이루어진 셈이다. 그의 소설은 공항소설로 불리는 시간 때우기 용이 많은 것으로 알려진다. 따라서 내용이 가볍고, 플롯이 단순한 편이다. 이것은 소설뿐만 아니라 문화의 전 영역에서 재미를 추구하는 시대의 큰 흐름을 따라가고 있는 것이 아닐까 생각된다.

4위는 심리학자 필 맥그로우Phillip C. McGraw, 1950년생, 미국 최고의 토크 쇼인 '닥터 필 쇼' 진행자, 미국 법률 컨설팅그룹 설립자이며 대표로서 중대한 소송 사건이 있을 때마다 해결사 노릇을 했다고 한다. 특히 오프라 윈프리 소송 사건을 승리로 이끈 것으로 유명하다. 최근 발간된 『20/20 다이어트』로 폭발적인 인기를 누리고 있다. 우리나라에서도 『똑똑하게 사랑하라』는 독자가 많았다. 2007년 1월 초판, 필자가 본 책이 2009년 초판 24쇄이니까 많이 읽혔다. 공동 4위에 축구 스타 크리스티아누 호날두(31세)가 있다.

이 통계를 뜯어보면 재미있는 구석이 있다. 돈 많이 번 스타 1위에서 5위까지가 가수, 아이돌 그룹, 작가, 학자, 스포

츠 스타 순이다. 작가와 학자의 상위권 진입이 이채롭다. 연
령대로는 1. 2위는 20대, 3. 4위는 60대 후반, 5위가 30대 초
반이다. 20대는 노래로 돈을 벌고, 30대는 스포츠로, 60대
는 책을 써서 돈을 벌었다. 4. 5십대는 5위권 안에 들지 못
했다. 대단히 절묘한 대비가 되기도 하고 연령대에 맞는 일
아닌가 싶기도 하다.

이 통계를 보면, 책을 써서 큰돈을 버는 스타가 될 수 있
다는 것은, 세상은 절망만 하는 곳이 아니라는 생각이 들게
한다. 우리도 작가는 돈과 거리가 멀다는 인식, 바꿀 수 있
었으면 좋겠다. 그리고 책 많이 읽어서 작가들이 돈 벌 수
있도록 하는 독서 풍토가 부럽다. 미국이 괜히 세계를 이끄
는 것이 아니란 생각이 든다. 어쨌든 작가와 학자가 돈 많이
버는 스타의 상위권에 든 것은 미래를 위해서 다행한 일이
아닐 수 없다.

**책册으로
하는 피서**

중복은 삼복더위 중에서도 가장 덥다고 할

수 있는 날이다. 이런 복더위 때는 뭐니뭐니해도 시원한 것이 최고고 우선 더위나 피하고 보자는 생각이 들지 않을 수 없다. 정말 날씨도 중복의 체면이라도 세워주려고 그러는지 모르지만 국민재난안전처에서 노약자들은 야외 활동을 삼가라는 문자를 받게 만든다. 더워 죽겠는데 복날에 또 무슨 책이냐고 나무랄 사람 없지도 않겠지만 그런 짜증도 잠시 밀쳐두고 생각 한 번 해 보자.

옛날 우리 선조들은 복날을 특별하게 생각했다. 농경 사회에서의 여름은 농작물이 그 열매를 익히는 시기이기 때문에 농부들이 일에 지치면 안 되는 계절이다. 탈 없이 일을 많이 하려면 먹는 걸 잘 먹어야 한다는 의식을 갖고 있었다. 따라서 특별한 음식을 장만하여 먹었다. 개장국도 만들어 먹었고, 중병아리를 잡아 영계백숙을 만들어 먹기도 했다. 음식도 음식이지만 어른들은 탁족濯足을 하면서 더위를 피하고, 해안 지방에서는 모래찜질을 하기도 했다.

이렇게 몸을 위해선 챙겨 먹을 것 챙겨 먹는 전통을 만들어놓고 사람이 몸과 마음으로 이루어지는데 마음을 위해서 하는 전통 하나는 왜 만들지 않았을까 하는 의문이 들기도 하고 원망이 생기기도 한다. 옛날엔 책 읽기가 가을이 좋다고 해서 가을을 독서의 계절이라고 하며 독서를 권하기도 했지만 지금은 여름에 그래도 다른 계절보다 조금 더 읽는다고 한다. 어른들이 더위를 피해 탁족을 하면서 책을 읽는 전통을 만들었으면 얼마나 좋았을까. 만약 그랬다면 우리는 지금 보다 더 훌륭한 삶을 살고 있을지도 모른다.

잘 사는 것이 경제 문제인데 독서하고 무슨 상관이 있느냐고 하면 대단히 곤란하다. 책은 모든 것을 우선한다. 문화의 보고이기 때문이다. 세계의 유명 정치인들이, 세계 유명 기업인들이 휴가철을 어떻게 보내는지 말 들어 보았을 것이다. 우리나라 대통령도 마찬가지지만 세계 리더들의 여름휴가 계획에는 반드시 책 읽기가 들어있다. 세상의 모든 리더들은 책을 읽는다. 책 읽지 않는 리더는 없고, 책 읽지 않은 사람은 리더가 될 수 없다.

무슨 책을 읽으면 좋으냐고 물을 필요는 없다. 무슨 책이든 읽기만 하면 된다. 한 권의 책을 읽으면 그 책이 다음 어떤 책을 읽으라고 가르쳐 주게 되어 있다. 어떤 책이라도 제대로 읽기만 하면 반드시 다음 읽어야 할 책이 생기기 마련이다. 가르쳐주는 걸 알아내지 못했다면 같은 저자의 다른 책이나, 같은 출판사의 다른 책을 읽으면 된다. 그걸 알아내지 못했다고 해서 절망할 필요도 없다. 독서는 그냥 읽는 것이 시작이고 또 끝이다.

독서는 공부와 다르다. 공부는 졸업하기 위해서나 시험에 합격하기 위해서 하는 것이다. 독서는 그런 목표를 가지지 않고 그냥 읽는 것이지만 더 큰 이득이 있다. 영혼의 근육을 튼튼히 하기 때문이다. 모든 공부는 독해력과 관련이 많은데 책을 많이 읽으면 독해력이 향상되어 학생들은 성적도 오른다. 우리나라는 학생들은 그래도 책을 읽는 편이다. 그런데 어른이 되면 거의 책을 읽지 않는다는 통계가 있다. 그래서 이제부터라도 복날 제대로 보내는 것은 탁족하면서 책 읽는 것이란 전통을 만들었으면 좋겠다.

나는 지금 탁족은 아니지만 선풍기 실바람 켜놓은 사무실에서 움베르트 에코가 쓰고 이윤기가 옮긴 책 『장미의 이름』을 읽고 있다. 이탈리아 어느 수도원에서 벌어지는 일련의 살인 사건을 다룬 책이다. 더러 깜짝 놀랄 일도 있어서 피서용으로 참 알맞기도 한 책이다. 그런데 이 책 서문의 마지막 문장은 "내 이 세상 도처에서 쉴 곳을 찾아보았으되, 마침내 찾아낸, 책이 있는 구석방보다 나은 곳은 없더라."라는 말을 소개한다. 내 지금 있는 곳이 바로 그 구석방 같은 곳이다.

책의 날에
책 선물을

4월 23일은 세계 책과 저작권의 날이다. 인류의 지식을 전달하고 이를 가장 효과적으로 보존해온 책의 중요성과 도서의 보급이 문화적 전통에 대한 사람들의 인식을 발전시키고, 이해, 관용, 대화를 기초로 한 사람들의 행동을 고무시킨다는 점 등을 들어 유네스코가 제정한 날이다. 국제출판인협회가 제안한 책의 날에 러시아 정부가 제안한 저작권이 포함되어 세계 책과 저작권의 날이 된 것이다.

4월 23일이 책과 저작권의 날이 된 두 가지 이유가 있다. 첫째는 스페인의 카탈루냐 지방에서 여성에게 장미꽃을 선물하며 사랑을 고백했던 세인트 호르디 축일과 관련된다. 다른 하나는 세계적 대문호인 『돈키호테』의 작가 세르반테스와 영국의 극작가이며 시인인 세익스피어가 사망한 날인데 이 문호들을 기리고자 하는 뜻이 담겨있다. 이날이 가진 의미를 제대로 파악하기 위해서 이 세 사람에 관해서 알아본다.

호르디는 스페인 전설 속의 인물이다. 아득한 옛날에 용이 인간 세상에 와서 횡포를 부렸다. 그럴 때면 마을의 처녀와 어린 양을 바쳐 용을 달랬다. 그런데 어느 날 공주가 용에게 납치돼 버렸다. 이때 '호르디Jordi' 라는 병사가 나서 용과 싸워서 용의 목을 베었다. 용의 목을 베자 무슨 조화인지 장미 덩쿨이 꽃으로 피어났다고 한다. 호르디는 그 장미꽃을 공주에게 바치지 않았을까 싶은데, 그 용감했던 병사 호르디의 생일이 4월 23일이었다.

따라서 중세 때부터 장미축제를 열고 세인트 호르디 축일이라고 부르면서 장미꽃으로 사랑을 고백하는 날로 변화해 온 것이다. 이날 여자는 남자에게 책을 선물하고, 남자는 여자에게 장미꽃을 주는 전통이 전해오고 있다. 그런 전통이 책을 읽는 사람에게 장미꽃을 준다고도 하고, 혹은 책을 사는 사람에게 장미꽃을 준다고도 했다. 이날 책을 사면 장미꽃을 주는 것이 상술일 가능성이 많지만 그래도 장려할만한 일이다.

세르반테스는 1547년에 태어나 1616년 4월 23일 돌아가셨다. 그는 「돈키호테」에서 참 많은 명언을 남겼다. 그중에서도, "오늘은 오늘 일만 생각하고 한 번에 모든 것을 하려고 하지 않는 것, 이것이 현명한 사람의 방법이다.", "더 나은 세상을 꿈꾸어라. 누가 미친 거요? 장차 이룩할 수 있는 세상을 상상하는 내가 미친 거요? 아니면 세상을 있는 그대로만 보는 사람이 미친 거요?"라는 말은 변하는 세상에 변하지 않을 명언이 되었다.

1564년에 태어나 세르반테스와 같은 해 같은 날에 돌아가신 셰익스피어, 그는 극작가였고 시인이었다. 그의 작품은 영어로 된 작품 중 최고라는 찬사를 받으며 영국의 국민 시인으로 불린다. 특히 영국이 인도와도 바꾸지 않겠다는 시인이다. 그의 작품 『햄릿』에서 "죽느냐, 사느냐, 그것이 문제로다."라는 대사를 남겨 인구에 회자되게 했다. 이 말은 아마도 인간의 삶이 지속되는 한 사라지지 않고 영원히 존재할 것 같다.

세계 책과 저작권의 날과 관련된 인물들을 기리며 누구라도 작은 이벤트를 만들어 보라고 권하고 싶다. 우리나라에서도 이제 어느 정도 책의 날이 많이 알려졌으니까 발렌타인데이에 초콜릿을 선물하듯 책의 날엔 책을 사서 선물하는 날이 됐으면 좋겠다. 내가 읽을 책을 사는 것도 나쁘지 않지만 이왕이면, 내가 책을 사서 선물하는 것이 더 좋은 일이 되지 않을까 싶다. 누구에게 어떤 책을 선물할까 생각하는 것도 매우 재미있는 일이 되지 않겠는가. 책을 사서 선물하는 일이 올해 이루어지고 다음해로 또 그 다음해로 쭉 이어지게 되면 우리는 책과 관련된 아름다운 전통 하나를 만들게 되는 것이다.

'술 권하는 사회' 는
언제 끝나는가?

　　　"옳지, 누가 나에게 술을 권했단 말이오? 내가 술이 먹고 싶어서 먹었단 말이오?" "자시고 싶어서 잡수신 건 아니지요. 누가 당신께 약주를 권하는지 내가 알아낼까요? 저… 첫째는 화증이 술을 권하고 둘째는 하이칼라가 약주를 권하지요." -중략- "내가 설명해 드리지. 자세히 들어요. 내게 술을 권하는 것은 화증도 아니고 하이칼라도 아니요. 이 사회란 것이 내게 술을 권한다오. 이 조선 사회란 것이 내게 술을 권한다오. 알았소?"

　현진건의 단편소설 「술 권하는 사회」에서 술 마시고 들어온 남편과 아내가 실랑이하는 대목이다. 일본 유학을 마친 하이칼라 남편과 이른바 공부라고는 해 본 적이 없는 아내와의 실랑이다. 술만 마시고 순진한 아내에게 화풀이하듯 해대는 남편도 측은하고, 술 마시게 한다는 '사회'가 무엇인지도 모르는 아내도 측은하기는 마찬가지다.

이 소설은 1921년 11월 「개벽」에 발표되었다. 발표된 지가 95년이 지났다. 한 세기가 가까워진다. 1921년 우리에겐 치욕스런 일제강점기. 나라 빼앗긴 설움을 술이라고 어찌 달랠 수 있었으랴만 당시 지식인들은 그만큼 맨 정신으로 버텨내기가 어려웠다. 어떻게 하긴 해야겠는데 나라 구할 방법도, 나라를 구할 힘도 없고, 있는 것이라고는 오로지 절망뿐이어서 술에 기대 삶을 견뎌갈 뿐이었다.

현진건의 소설 「술 권하는 사회」는 빼앗긴 나라를 되찾았으면 끝나야 한다. 나라 되찾은 지도 어언 71년, 그런데 우리 사회는 아직도 술을 권하고 있다. 되찾자마자 6.25 전쟁을 겪고 그만 또 반 토막난 나라라서 그런가? 여전히 우리 사회가 술을 권한다. 지식인들에게만 권하는 것이 아니라 온 국민에게….

이념으로 분단된 국가에서 정권 때문에 동서가 갈라서서 그야말로 국가발전을 크게 가로막았다. 영남권 신공항 건설 문제를 두고는 같은 영남권의 대구와 부산이 등을 맞대게 되었다. 그러더니 신공항 건설 사업은 10년 전과 같은 상태로 되돌아갔다. 지역 갈등이 아무리 심각하다할지라도 국책 사업은 국민에게 약속한대로 진행되어야 한다. 무산시켜버리고 김해 공항 확장을 신공항 건설이라고 한다.

2016년 6월 23일에 신공항 무산이 발표되었는데 24일엔 24개 지자체가 신청한 국립한국문학관 후보지 선정도 무기한 연기해버렸다. 지방자치단체간 소모적인 유치 경쟁으로 번지고 있는 국립한국문학관 후보지 선정 추진 사업을 잠정 '무기한 중단' 한다는 것이다. 문학계 등의 의견 수렴을 거쳐 더욱 근본적인 대안을 마련할 때까지…. 이런 상황들은, 분명히 술을 권하는 일들 아닌가? 우리 사회가 술을 권해도 제대로 한 잔 권하는 것이다.

신공항 무산도, 국립한국문학관 무기한 연기도 이해하기 어렵다. 거기에는 똑 같은 이유가 숨어있다. 그것이 정치적인 판단이라는 것을 믿을 사람도 있고 믿지 않는 사람도 있겠지만 말이다. 국책 사업의 결정에는 그것이 무엇이고 또 어디이든, 이른바 당사자들의 의견이 반영되어야 한다. 신공항의 경우는 영남권 사람들의 생각이, 국립한국문학관 건립에는 문인들의 생각이 반영되어야 옳은 것 아니겠는가? 그런데 그것이 무시되었다.

영남이 아닌 서울에서, 우리나라도 아닌 프랑스에서 우리 국민도 아닌 외국인이 결정하는 것을 따라야 하는가? 국립한국문학관을 문학과 관계없는 공무원이 자의적으로 이랬다 저랬다 해도 `되는 것인가. 세상의 평화를 위해서, 국가의 미래를 위해서는 정부와 국민이 서로 참고, 서로 이해해야 하는 것이 좋다. 그러나 힘 있는 측이 옳지 않은 경우까지 수용하고 이해하라고 하는 것은 지나친 요구다. 좋은 안주로 술을 권하는 일밖에 되지 않는다.

채식주의자

　　　　　한강의 『채식주의자』가 2016년 세계 3대 문학상의 하나인 영국 맨부커상 인터내셔널 부문을 수상했다. 한국문학을 세계에 알리는 쾌거가 아닐 수 없다. 『채식주의자』는 한 작가가 같은 주제나 같은 인물로 작품을 잇달아 쓴 연작소설聯作小說이다. 작가의 말을 따르면 "따로 있을 때는 저마다의 이야기를 하고 있는 것처럼 보이지만 합해지면 그 중 어느 것도 아닌 다른 이야기"가 된다. 작가가 2002년 겨울부터 2005년 여름까지 「채식주의자」, 「몽고반점」, 「나무불꽃」을 중편으로 따로 썼고, 2007년 이 세 편을 장편 『채식주의자』로 묶어 창비에서 발간했다.
　전편에 등장하여 이야기를 끌고 가는 인물은 영혜다. 「채식주의자」에선 영혜의 남편이, 「몽고반점」에서는 영혜의 형부가, 「나무불꽃」에서는 영혜의 언니 인혜가 관찰자가 된다. 어릴 적 아버지의 폭력에 시달린 영혜가 폭력의 긴 그림자에 갇혀 겪는 고달픈 한 생애가 육식을 거절하는 행위를 통해 꼬여지기 시작한다.

　육식의 거절이 빌미가 되어 남편과 헤어지고, 몽고반점이 있다는 이유로 비디오 아티스트 형부의 예술적 대상이 되었고 예술이 인륜의 경계를 넘어서게 한다. 이를 안 언니 인혜는 두 사람을 정신병원으로 보낸다. 그 걷잡을 수 없는 감정을 다스리며 그녀는 놀랄 만큼 이성적이다. 남편은 버려도 동생은 차마 버리지 못하는 인혜는 영혜가 입원한 정신병원을 오가며 간호한다. 이런 슬픔 혹은 고통이 어디에서 온 것인가를 자신에게 묻고 또 물어본다. 그런데 그 많은 슬픔의 원적지는 이외로 사소한 데 있었다. 지독하게 아픈 삶의 근원적 원인은 어릴 적 아버지의 폭력 때문이었다. 그 폭력이 만들어낸 긴 그림자는 좀체 걷히지 않았다. 세월이 흐를수록 폭력의 힘은 더욱 강해지기만 했다. 영혜의 남편은 현실주의자였고, 그녀의 형부는 예술에 삶을 함몰시키는 예술가였다. 인혜 만이 그 모든 아픔에 맞서며, 영혜의 습한 삶에 물기를 닦으며 함께 젖고 있다.

폭력의 트라우마에 휩싸인 영혜는 「채식주의자」에서 "내가 믿는 건 내 가슴뿐이야, 난 내 젖가슴이 좋아, 젖가슴으로는 아무 것도 죽일 수 없으니까."라고 말한다. 「몽고반점」에선 보디 페인팅을 한 영혜가 형부에게 "이렇게 하고 있으니까 꿈을 꾸지 않아요. 나중에 지워지더라도 다시 그려주면 좋겠어요."라고 한다. 형부의 예술 활동에 적극 동참하는 것이다.

「나무불꽃」에서 영혜는 몸을 거꾸로 세우며 "난 몰랐거든, 나무들이 똑 바로 서 있다고만 생각했는데… 이제야 알게 됐어, 모두들 두 팔로 땅을 받치고 있는 거더라구."라며 놀라워한다. 바르게 서서는 돌아볼 수도 없는 그의 삶이라서 그럴 것이다. 아무것도 죽일 수 없는 젖가슴을 사랑한 영혜, 그러나 그는 사람을 죽이진 않았어도 그가 가진 병으로 인하여 여러 사람의 삶을 망가뜨렸다.

삶의 아름다움이나 희열이 보이지 않는 소설이다. 소설 전체에서 삶의 아름다움이나, 삶의 반짝임이 드러나는 문단은 없다. 그것은 결국 작가가 읽은 이 세상의 풍경일 것이다. 한 사람의 삶, 아니 여러 사람의 삶을 이렇게 철저하게 부서버리는 이유가 무엇일까? 공포가 더하고 잔인함이 더해지는 것은, 작가가 소설에서 드러낸 잔인함 그 만큼, 폭력을 거부한다는 의미로 읽는 것이 혼란스러움에서 벗어나는 것이리라.

이 세상에서 폭력을 행사해도 좋을 사람은 없다. 훈육의 핑계도 수용될 수 없다. 작가는 그 말을 하고 싶었던 것이다. 그 말 누가 들어야 하는가? 사람과 함께 사는 사람 모두 다 들어야 한다. 폭력이 만드는 그 길고, 크나큰 파괴력을 모두가 보아야 한다. 세상의 평화를 위해, 아름다움을 위해 우리가 만들어가야 할 것은 폭력 없는 세상이다. 폭력을 행사하는 사람도, 폭력에 당하는 사람도 있어선 안 된다. 아무도 폭력을 행사할 수 없고 아무도 폭력에 희생당하지 않아야 한다. 『채식주의자』는 그런 세상의 문을 열고 싶어 한다.

'한여름 밤의 꿈'
우리도 한번 꿔 보자

여름이 깊어가고 있다. 이른바 한여름으로 치닫고 있다. 이 여름을 어떻게 보낼까 하는 기대도 있을 수 있고, 걱정을 할 수도 있다. 뜨거운 여름을 피해서 무엇인가 생각하고 다음 계절과 다음 해를 더 멋지게 맞이하기 위하여 '아름답다'라고 말할 수 있는 여름을 보낼 수 있었으면 좋겠다. 피할 수 없으면 즐기라는 말을 떠올리면서 어떻게 보내야 아름다울 수 있을까 생각해 본다. 사람마다 다를 것이다. 나는 이번 여름 하나의 예술 작품이 다양하게 활용되는 OSMUOne Source Multi Use를 경험해보려 한다.

그것도 세익스피어의 「한여름 밤의 꿈」과 함께…. 이 희곡 작품의 한여름은 이른바 영어로 「A Midsummer Night's Dream」으로 여름의 가운데이지만 실제로는 어느 특정일일 수도 있다. 워낙 유명한 작품이라 이를 모르는 사람은 드물다. 그러나 희곡 「한여름 밤의 꿈」은 그 유명세에 비해 읽은 사람은 생각보다 많지 않다. 우스개로 고전이란 책 이름만 알고 읽지는 않는 작품이라고 말하기도 하지만…. 이 책을 여러 번 읽어서 이 책 한 권으로 여름을 보내는 것도 나쁜 일은 아니다.

「한여름 밤의 꿈」은 굳이 책에만 매달려 있을 필요는 없지만 책을 가장 먼저 읽어야 다른 장르의 예술을 제대로 감상할 수 있다. 「한여름 밤의 꿈」의 줄거리는 다음과 같다.

드미트리어스와 결혼하기로 되어 있던 허미어는 라이샌더를 사랑하여 그와 함께 숲속으로 도망친다. 그리고 드미트리어스를 사랑하는 헬레나는 이 사실을 드미트리어스에게 말해 준다. 이들의 모습을 본 요정의 왕 오베른은 헬레나가 자신의 처지와 비슷하다고 생각하여 동정하게 된다. 그러나 그의 부하 요정 퍼크가 실수로 드미트리어스가 아닌 라이샌더에게 눈을 뜬 후 맨 처음 만나는 상대와 사랑에 빠지게 되는 마법의 꽃 즙을 발라주어서 드미트리어스와 라이샌더 모두가 헬레나를 사랑하게 된다. 이것을 본 오베른은 젊은이들을 잠들게 하여 제대로 짝을 지은 후 후 꽃 즙을 다시 발라준다. 결국 잠에서 깨어난 젊은이들은 사랑하는 사람들끼리 맺어져 두 쌍의 결혼식이 이루어진다.

불화의 모든 요소들이 결혼을 통해 화해와 조화를 이루게 되는 과정을 흥미진진하게 그리고 있다. 1막 1장에 "아무리 쓸모없고 비천한 것이라 해도 사랑은 그것들을 가치 있고 귀한 것으로 바꿔놓을 수 있어, 사랑은 눈으로 보는 게 아니라 마음으로 보니까."라는 명언이 나온다. 이 말을 붙들어 볼 필요가 있다. 붙들고 하룻밤쯤 생각해봐도 좋을 것이다. 우리말로 사랑은 겉으로 하는 게 아니라 속으로 하는 것이라고 번역도 해 보면서 말이다.

그리곤 멘델스존의 「한여름 밤의 꿈」을 듣는 것이다. 멘델스존은 17세 때에 세익스피어의 「한여름 밤의 꿈」을 읽고 그 환상적이며 괴이한 분위기에 영감을 받아 이 곡을 작곡하였다고 한다. '한여름 밤'은 6월 24일 '성 요한체'의 바로 전날 밤을 가리킨다. 서양에서는 그 밤에 기이한 일들이 많이 생긴다는 미신이 전해오는데 그러한 미신의 영향을 받아 환상적인 분위기의 희극인 「한여름 밤의 꿈」이 나왔다고 한다.

이 뿐이 아니다. 「한여름 밤의 꿈」은 희곡 작품으로 쓰여졌지만, 예술의 전 장르에서 다루어지고 있다. 연극은 말할 것도 없고 오페라, 뮤지칼, 영화 등, 그야말로 등등이다. 그것들을 컴퓨터에서 찾아 즐기는 것으로도 여름 밤 하나는 모자란다. 좀 더 이색적으로 이 작품을 즐기고 싶다면 멘델스존의 작품을 들으면서, 세익스피어의 작품을 읽으면 참 묘한 분위기를 경험하게 될 것이다. 그렇게 하면 다른 사람의 꿈 구경만 하는 것이 아니라 스스로 한여름 밤의 꿈을 꾸어보는 것이 되지 않을까 싶다.

제2회
세계한글작가대회

"재난의 위험에 처한 시민과 동포와 세계

인을 위로하고 치유 및 구원하는 데 이바지하는 실천적인 문학인이 될 것"이다.

2016년 9월 20일부터 23일까지 4일간 경주에서 열렸던 제2회 세계한글작가대회 경주 선언문 일부다. 대회 기간 경주는 12일 5.8 규모의 지진이 일어난 후 여진이 계속되는 상황이었다. 그런 가운데 한글작가대회는 막을 올렸고, 계획된 행사와 일정을 차분히 마무리했다.

한글이 건재했고 경주가 건재했으며, 앞으로도 한글과 경주는 영원히 건재할 것이다. 제2회 한글작가대회가 어려운 상황 속에 개최되어 당초 기대하지 않았던 성과까지 올렸다. 어느 나라의 어떤 글자로 표현하든 문학이 재난에 처한 시민을 구원하는 데 이바지하는 실천적인 문학인이 될 것이란 선언문을 채택한 것은 한글문학만이 해야 할 일이 아니다. 문학의 존재 자체에 대한 의의를 한껏 일궈낸 것이다.

국제펜한국본부가 세계한글작가대회를 개최하는 목적은 2016년 대회의 주제 '한글 문학, 세계로 가다'에서 알 수 있듯이 한글 문학의 세계화다. 그런데 지진이라는 악재를 만나 주최 측이나 경주시나 매우 당황하지 않을 수 없었을 것이다. 여진이 계속되는 상황에서 대회를 열어야 하나 말아야 하나를 고심했을 것이고, 개최지인 경주시도 여러 나라에서 적지 않은 손님들이 오는 대회라 참으로 많은 신경을 썼을 것이다.

그런 가운데 18개국에서 해외 작가와 동포 문인 38명이 참석했다. 이들의 참여는 절대 예사로 볼 일이 아닌 대단한 일이다. 그들이 한글 문학을 사랑했기 때문에 지진이 일어난 지역이라도 조금의 두려움도 없이 와서 강연을 하고, 한글 문학의 미래를 위해 그들의 생각을 쏟아놓았다. 우리가 참으로 고맙게 생각하지 않으면 안 될 일이다. 한글이 있어서 그들이 왔고, 그들이 와서 한글 문학이 빛나고 미래가 열리는 것이다.

대한민국의 문학은 지금 세계화가 큰 관건이다. 우리의 문학이 세계 문학계에서 정당한 평가를 받고 있다고 보기 어렵기 때문이다. 국제펜한국본부가 한글작가대회를 개최하는 뜻도 세계인이 한국 문학에 관심을 갖도록 한다는 데 있다. 반만년의 역사를 자랑하는 우리가, 한글이라는 세계에서 가장 과학적인 문자를 가진 대한민국의 문학이 중국도 받고 일본도 받은 노벨문학상 수상자를 배출하지 못한 것이 못내 아쉬운 것이다.

노벨문학상이 문학의 전부가 아니라 해도 우리 문학이 일본에 비해 현저히 떨어지고 중국에 비해 또 현저히 떨어진다고 할 수는 없지 않은가. 우리 문학의 세계화를 위하여 해야 할 노력을 다 해야 하는 것이다. K-팝과 드라마에서 일고 있는 한류 바람에 문학을 실어야 한다. 그런 조짐이 없는 것도 아니다. 세계 여러 나라의 대학에서 제2 외국어로 한국어를 선택하고 있고 세계의 세종학당에서 한글 공부를 하는 사람들도 해마다 늘어나고 있다.

세계를 향한 한글 문학의 몸부림은 시작되었다. 앞으로 더욱 격렬하게 세계를 향하여 한국 문학이 건재하고 있음을 알려가야 할 것이다. 작가는 열심히 작품을 쓰고, 정부는 적극 지원해주는 것이 가장 기본적인 일이고 또 마지막 일이 될 것이다. 경주의 한글작가대회가 어려운 상황 속에서 성공했고, 특히 지역을 무시하는 한국의 문화 풍토에서 경주에서 대회를 성공시킨 것은 신라 천 년 수도 경주의 위력이 아닐 수 없다.

표준어의 기능

국립국어연구원이 2015년 12월 14일 "국민들이 실생활에서 많이 사용하고 있으나 그동안 표준어로 인정되지 않았던 11항목의 어휘와 활용형을 표준어 또는 표준형으로 인정한다"는 표준어 추가 결과를 발표하고 2016년 1월 1일자로 표준국어대사전에 반영할 예정이라고 밝혔다

이외에도 현재 '마을'의 의미가 '이웃에 놀러 다니는 일'의 의미에 한하여 '마실'을 인정하고, '차지다'에 '찰지다', '-고 싶다'에서 '-고프다'도 인정하기로 했다. '꼬리연', '의론議論', '이크' 등도 있다. 비표준적인 것으로 다루어왔던 활용형을 표준형으로 인정한 것도 있는데 '말라'와 '마라'가 있고, '노라네', '동그라네', '조그마네'만 인정되던 것을 '노랗네', '동그랗네', '조그맣네'도 인정하기로 했다.

매우 환영할 일이다. 늦으면 늦었지 결코 빠른 것도 아니다. 많은 국민들이 오, 헨리의 「마지막 잎새」라는 단편 소설 제목이나 국민 시인으로 불리는 윤동주의 「서시」에 나오는 "잎새에 이는 바람에도"에 쓰인 '잎새'가 표준어가 아니라는 것을 이상하게 생각했을 것은 뻔하다. 그간 여러 차례의 표준어 추가 결정에서 '짜장면'이 포함되고 '너무'가 포함되는 등 실제 생활에서 널리 쓰이는 말을 표준어로 인정하지 않을 까닭이 없는 것이다.

어떤 면에선 언어생활을 복잡하게 만드는 경우도 없지 않았다. 그동안 국민들이 말로는 '짜장면'이라고 하지 '자장면'이라고 하지 않으면서도 글을 쓸 때는 꼭 '자장면'이라고 썼다. 이번에 추가되는 '이쁘다'도 마찬가지다. 엄연히 뜻이 다른 것을 많이 쓴다고 해서 표준어로 추가해서는 안 되지만 우리말의 품위를 잃지 않고 대중들이 쓰는 언어라면 표준어로 인정하는 것이 옳은 길이라 믿어진다.

표준어는 몇 가지의 기능을 가지는 데 그 첫째가 통일의 기능이다. 한 나라 국민의 공통된 의사소통의 수단을 갖게 해 주는 구실을 하며, 국민 일체감을 높여주는 기능을 한다. 둘째는 우월의 기능이다. 표준어는 학교 교육을 통해서 습득된다. 따라서 표준어를 사용하는 사람이 사회적으로 우위에 있는 사람임을 드러내 주는 기능을 하는 것이다. 이를 표지의 기능이라고도 한다. 교육열이 높은 우리나라에서 지금은 쇠퇴된 기능이라고 보는 것이 옳지 않을까 싶기도 하지만 품위 있는 사람은 여전히 표준어를 쓴다는 사실이다.

셋째로 준거의 기능이다. 표준어는 우리 언어생활의 규범이다. 준법정신을 재는 척도의 구실을 하는 것이다. 표준어를 제정하여 잘 지키게 교육하는 것은 준법정신을 길러주는 것으로 인식하였다. 그런 점이 없지 않았다. 그러나 지금까지 표준어의 기능으로 인식해오던 세 가지 기능 중 첫 번째 기능이 가장 분명한 기능이라고 볼 수 있다.

우리의 표준어 규정은 표준어 사정 원칙의 총칙에서 "표준어는 교양 있는 사람들이 두루 쓰는 현대 서울말을 정함을 원칙으로 한다."고 규정하고 있다. 이 원칙을 지키기도 쉽지 않겠다. 말꼬리 잡기 식으로 말한다면 교양 있는 사람이 어떤 사람인지, 두루가 어느 정도인지 기준잡기가 어렵기 때문이다. 그러나 표준어 추가에 국어연구원이 그리 인색할 필요는 없다고 생각한다. 말이 풍부하다는 것은 우리 삶을 풍요롭게 하는 것이고 우리 문화의 다양성을 높이는 것이 되기 때문이다. 우리말이 풍부해서 우리에게 나쁠 것이 없는 것이다.

한글의 힘, 대한민국의 힘

우리는 자랑스러운 역사를 가진 문화민족이다. 반만년의 역사를 가졌다. 그 긴 역사를 이어온 것만으로도 많이 자랑스러워 할 만하다. 그중에서 우리가 우리 민족의 글을 창조해서 독립된 언어를 갖고 있다는 것은 위대한 민족이라는 자긍심을 갖게 하는데 조금도 부족함이 없다. 우리에게 한글이 없었다면 어떻게 문화민족이라고 큰소리칠 수 있겠는가.

그런 한글. 우리 국민들이 많이 사랑하고 있다. 그렇지만 한글이 얼마나 위대한 것인가에 대해서는 다 알지 못하고 있는 것이 사실이다. 그 오묘한 창제 원리가 그리 간단하지만은 않기 때문이다. 전 국민이 그 깊은 뜻을 다 헤아리기 어렵지만, 한글날만이라도 우리 민족의 자긍심을 생각하고, 한글의 위대함을 되새겨 보았으면 좋겠다. 그리고 스스로의 말살이가 한글을 욕되게 하고 있는 것은 아닌지 돌아보아야 할 것 같다.

한글날이 일제 강점기인 1926년 민족의 자긍심과 민족혼을 되찾기 위해서 '가갸날'로 지정했고, 2년 후인 1928년 '한글날'로 바꾸었다. 광복 이듬해인 1946년 한글날을 공휴일로 정해 기념하게 되었다. 그러나 1990년에 경제 논리를 앞세운 단체들의 요구로 공휴일에서 제외되었다. 참 한심한 일이었다. 2005년 다시 정신 차려 국경일로 지정하였고 2013년에 한글날이 공휴일로 재지정 되어 오늘에 이르고 있다.

　하다못해 이런 역사라도 되짚어 봐야 하고 「한글날 노래」라도 읊조려보아야 한다. 최현배 작사, 박태현 곡의 한글날 노래는 3절까지로 한글이 우리 자랑이고, 문화의 터전, 민주의 근본, 생활의 무기라는 점을 후렴에서 부각시키고 있다. 1절. 강산도 빼어났다. 배달의 나라/ 긴 역사 오랜 전통 지녀온 겨레/ 거룩한 세종대왕 한글 펴시니/ 새 세상 밝혀주는 해가 돋았네/ 한글은 우리의 자랑 문화의 터전/ 이 글로 이 나라의 힘을 기르자.//

　2절. 볼수록 아름다운 스물넉 자는/ 그 속에 모든 이치 갖추어 있고/ 누구나 쉬 배우며 쓰기 편하니/ 세계의 글자 중에 으뜸이로다./ 한글은 우리의 자랑 민주의 근본/ 이 글로 이 나라의 힘을 기르자//

　3절. 한 겨레 한 맘으로 한데 뭉치어/ 힘차게 일어나는 건설의 일꾼/ 바른 길 환한 길로 달려 나가자/ 희망이 앞에 있다 한글의 나라/ 한글은 우리 자랑 생활의 무기/ 이 글로 이 나라의 힘을 기르자.

　한글날 노래 가사의 후렴에서 "이 글로 이 나라의 힘을 기르자."고 강조하고 있듯이 사실 오늘날 우리가 갖고 있는 힘의 원천은 이 한글에 있었다. 세계가 주목하고 있는 한강의 기적은 한글의 힘으로 이루어진 것이다. 한글이 있어 대한민국의 문맹률은 낮아졌고 우리글이 있어 세계를 앞서가는 지혜를 얻을 수 있었다. 그 누가 이런 사실을 부정하겠는가?

이제 우리뿐이 아니라 세계 언어학계가 '언어 사상가로서의 세종대왕'을 조명하기 시작했다고 한다. UCLA 제레드 다이아몬드 교수는 한글이 "세계 언어학자들로부터 세계에서 가장 뛰어난 문자체계라는 칭송을 받고 있다."고 했고, 일본 언어학자 노마 히데키는 "한글이 앎의 혁명을 낳은 문자"라고 극찬하고 있다. 이런 연구들이 세계에서 우리 한글에 관한 관심을 끌어 올려 한글이 제대로 평가받기를 바라고 또 바란다.

세계에서 가장 위대한 글자를 가진 나라의 국민, 우리는 한글이 세계의 으뜸 글자라는 사실을 확인시키기 위해서 한글에 대한 사랑 더욱 키워야 한다. 한글날, 한글을 더욱 키우는 일이 무엇인가를 생각하고 실천해야 한다. 한글의 힘이 대한민국의 힘이기 때문이다.

표절은
'표 나는 절도' 다

독일 출생 여류작가 루이제 린저Luiser Rinser
1911~2002. 나는 이 작가를 좋아한다. 무슨 특별한 인연이 있
는 것은 아니지만, 인연이란 걸 억지로 만든다면 내가 문청
이라고 할 시기에 그녀의 책을 만났고, 문학 강연을 들을 기
회가 있어 멀리서나마 얼굴을 볼 수 있었던 정도다. 1975
년. 지금부터 꼭 40년 전 나는 낙동강 변에 있는 조그마한
초등학교 교사로 있었다. 군에서 제대하고 복직하여 문학
에 대한 열정을 키우고 있을 때였다.

그해 10월로 기억된다. 서울 이화여대에서 루이제 린저의
문학 강연이 있었다. 시골에서 그런 정보를 미리 알 수 있었
던 것은 그때 내가 정기 구독하던 「문학사상」과 관련되었
을 것으로 추측된다. 한 시간 정도의 강연을 듣기 위해 적지
않은 경비를 들이고, 서울까지 갔으니 그를 좋아한다고 할
만하지 않은가. 지금 강연 내용이 기억되는 것은 없지만 그
당시의 나로선 외국 작가의 강연이 어떻게 이루어지는가를
본 것만으로 감동이었다.

루이저 린저에 관해 특별한 관심을 가진 것은 그녀의 독

특한 이력이 한몫했다. 그는 대학을 졸업하고 초등학교 교사로 있었다. 그러나 학교로부터 나치스에 가입하라는 독촉을 받게 되자 학교를 떠났다. 같은 해에 결혼을 했고, 소설을 쓰기 시작 1940년에 처녀작이자 출세작인 「파문」(유리반지)를 발표했다. 남편이 전사를 하고 그는 히틀러 정권에 반발했다는 이유로 작품 출판을 금지당하고 투옥되었으며, 1944년 10월에 사형선고까지 받았다. 그러나 종전으로 1945년 석방되었다. 그의 이력 중 초등학교 교사가 들어있다는 사실과 당시 내가 초등학교 교사라는 사실은 그를 좋아하고 흠모하는데 적지 않은 영향을 미쳤다.

소설가 신경숙의 화려한 활동에는 늘 주눅 들었다. 그래서 주목했다. 특히 『엄마를 부탁해』와 관련, 우리 소설이 해외로 진출하여 좋은 반응을 얻고 있다는 것은 한국 문인으로서 매우 고무적인 일이었기 때문이다. 『Please Look After Mom』으로 번역되어 아마존 닷컴에서 베스트셀러가 되는 등 국내외적으로 얼마나 큰 반향을 불러 일으켰는가. 대한민국 국민으로서 긍지를 느꼈다. 우리가 문화민족이라고 하면서도 노벨 문학상 한 번 받지 못한 나라라 우리 문학 작품의 해외 소개는 특별한 의미를 갖게 한다.

그런데 최근 불거진 신경숙의 표절 목록에 루이저 린저의

『생의 한가운데』의 내용이 들어있다니 내겐 참 묘한 겹침이다. 이른바 니나 신드롬을 일으킨 소설 『생의 한가운데』의 첫 문장, "여자 형제들은 서로에 대해서 모든 것을 알고 있든지, 혹은 아무것도 모르고 있든지 둘 중 하나다." 이 문장이 신경숙의 『엄마를 부탁해』 25쪽에는 "모녀 관계는 서로 아주 잘 알거나 타인보다 더 모르거나 둘 중 하나다."로 나온다. 누가 이 문장 하나로 표절 운운하겠는가. 그 외도 표절 의혹이 있는 작가와 작품이 있다고 한다.

신경숙이 정말 표절에 대해서 "모든 것을 알고 있었든지 아니면 아무것도 모르고 있든지 둘 중 하나"일 것 같다. 표절, 그건 정말 '표나는 절도'인데, 왜 그랬을까. 안타까움이 따르지 않을 수 없다. 표절하지 않고는 소설을 쓸 수 없었던가. 그 많은 독자들이 느꼈을 실망감을 어떻게 할 것인가? 문단 권력이나 출판사의 비호 없이 유명하지 않아도, 책이 팔리지 않아도, 대한민국 구석구석에서 글을 쓰고 있는 작가들과 큰 꿈을 꾸고 있는 예비 작가들에게 누가 어떻게 위로할 수 있을 것인가?

문학 작품의
표절 기준 마련돼야

　　　　　　소설가 신경숙의 표절 문제가 제 2라운드로 돌입하는 상황이 오고 있다. '표절은 표나는 절도'란 제목으로, 표절이 우리 문학에 매우 좋지 않은 영향을 끼치는 것이라는 안타까움을 표시한 바 있다.

　'문학동네'와 '창비'가 가을호를 발간하면서 '문학동네'는 신경숙의 표절에 대해, 명백한 표절이라며 독자들께 사과했다. '창비'는 표절이 아닌 차용, 또는 문자적 유사성이라고 설명하면서 의도적 베껴쓰기로 단정할 수는 없다는 입장을 취했다. 두 잡지가 전혀 다른 입장을 표명한 것이다. 이를 두고 또 한바탕의 논란이 예상되는 것이다.

　거기다 소설가 이문열의 견해도 한몫하고 있다. 최근 모 일간지와의 인터뷰에서 "표절의 낙인은 작가의 영혼에 대한 사형선고다."라고 밝히며 "신경숙의 표절이 미시마 유키오의 「우국」중 여섯 줄을 베끼고 소재와 구성에 유사성이 있다고 신경숙의 단편 「전설」전체가 표절이라고 단언할 수는 없다. '부분 표절' 혹은 '인가 없는 인용' 정도가 어떨지."라고 했다.

윤동주 「서시」의 한 구절인 "하늘을 우러러 한 점 부끄럼 없기를"은 맹자의 군자삼락 중 '앙불괴어천仰不愧於天과 같은 뜻인데, 동양에서 수천 년 동안 쓰였지만 윤동주가 표절했다고 하지 않는다는 것이다. 그리고 "분량에서 소 한 마리, 쥐 한 마리를 넣고 끓인 국을 쥐국이라고 할 수 없지 않나, 의도적으로 주제와 소재를 베끼고 단어 몇 개만 다른 경우라야 표절인 것 아닐까."라는 의문을 제기하기도 했다.

그러면서 "표절을 용서하자는 게 아니다. 마녀사냥은 하지 말자는 것이라며 논의 방향이나 태도에 문제가 있고, 문학적인 토론보다 많은 경우 표절 문제 제기가 흉기처럼 활용되는 느낌을 받았다."고 했다.

표절에 관해서 아무리 관점이 다를 수 있다고 해도 이해하기 힘든 부분이 없지 않다. 유독 신경숙의 표절에 대해 많은 독자들이 실망하는 것은 그를 좋아한 독자가 많았기 때문일 것이다. 이문열의 지적대로 표절 기준을 만들고 상응하는 처벌 규정도 만들어야 분명해지겠지만, 조금만 표절했다고 해서 그것이 표절이 아니라고 하는 것은 동의하기 어렵다. 그러나 이제 분명해진 것은 표절에 관한 기준이 설정돼야 한다는 것이다.

한국문인협회가 이 문제에 대해 2015년 6월 24일자 보도

자료로 작성해 세 가지 입장을 발표했다.

1. 한국문인협회에 표절 문제를 다룰 상설기구로 '문학표절문제연구소'를 설치한다. 2. 동연구소에서는 표절의 장르별 가이드라인을 정하고 상응한 처벌에 관해 심의 의결한다. 3. 동 연구소에서 표절로 확정된 작품은 '표절기록부'에 등재하여 영구 보관 관리한다. 는 것이다. 한국작가회의도 7월 25일 '한국문학의 자기 성찰을 위한 소위원회'를 구성하기도 했다. 이 단체들의 활동을 기대한다. 한국문학이 표절의 기준을 설정할 때가 된 것이다.

표절을 '차용', '문자적 유사성', '부분 표절', '인가 없는 인용' 등 여러 말들을 하고 있는데, 이런 말들이 결국은 표절의 뜻에서 멀지 않고, 변명의 옷을 입은 듯한 궁색함만 드러난다. 어쨌든 이 문제를 계기로 해서 문학과 출판계에서 솔직한 자기 검열에 들어가야 한다. 문학이 상업주의로 편향되는 것을 경계하지 않으면 안 된다.